FACULTÉ DE DROIT DE PARIS.

THÈSE

POUR

LE DOCTORAT

SOUTENUE

Par A. SANSON,

AVOCAT.

PARIS,

CHARLES DE MOURGUES FRÈRES, SUCCESSEURS DE VINCHON,

Imprimeurs-Éditeurs de la Faculté de Droit de Paris,

RUE JEAN-JACQUES-ROUSSEAU, 8.

—

1861.

FACULTÉ DE DROIT DE PARIS.

THÈSE

POUR LE DOCTORAT.

L'acte public sera soutenu, le Mercredi 31 juillet 1861,
à deux heures,

Par A. SANSON, né à Conches (Eure).

Président : M. VUATRIN, Professeur.

SUFFRAGANTS :
MM. PELLAT,
VALETTE, — Professeurs.
LABBÉ,
GIDE, — Agrégés.

*Le Candidat répondra, en outre, aux questions qui lui seront faites
sur les autres matières de l'enseignement.*

PARIS,

CHARLES DE MOURGUES FRÈRES, SUCCESSEURS DE VINCHON,
IMPRIMEURS-ÉDITEURS DE LA FACULTÉ DE DROIT DE PARIS,
Rue J.-J. Rousseau, 8.

1861.

A MON PÈRE, A MA MÈRE.

DROIT ROMAIN.

DE LA PÉTITION D'HÉRÉDITÉ.

CHAPITRE Ier.

NATURE DE LA PÉTITION D'HÉRÉDITÉ. — OBJET DE
CETTE ACTION.

On nomme pétition d'hérédité l'action par laquelle une personne agit pour faire reconnaître qu'une hérédité lui appartient, soit exclusivement, soit pour une partie aliquote, et demande en conséquence les choses qui dépendent de cette hérédité.

L'objet immédiat de la pétition d'hérédité est la constatation du droit héréditaire du demandeur; son objet médiat, la revendication des choses dépendant de l'hérédité qui sont en la possession réelle ou supposée du défendeur. Ce dernier ne peut, en effet, être contraint à restituer, tant que le droit héréditaire du demandeur n'est pas établi ; mais, du moment où ce droit est judiciairement reconnu, il ne peut retenir aucune des choses corporelles ou incorporelles dépendant de l'hérédité en litige.

L'obligation de restituer toutes les choses de l'hérédité, sans qu'il y ait lieu de faire une demande pour chacune d'elles, est le caractère particulier qui sépare nettement la pétition d'hérédité de l'action en revendication, avec laquelle elle a d'ailleurs la plus grande analogie. Par la première de ces actions, on revendique la propriété d'une universalité de biens et de droits ; et, par la seconde, celle d'une chose particulière ou d'une simple collection de choses réunies sous une dénomination commune. On indique cette différence en disant que la pétition d'hérédité est une action universelle et la revendication une action spéciale, *specialis in rem*.

La pétition d'hérédité est une action réelle. Si l'on se reporte, en effet, à la formule de cette action, on voit tout d'abord que le nom du défendeur n'est pas inséré dans l'*intentio*, et l'on sait que c'est là le caractère distinctif des actions *in rem* sous la période formulaire, quand on en considère la partie matérielle : en second lieu, si l'on examine l'action dans sa nature et dans son essence, sans s'arrêter aux diverses formules de la procédure, on voit que le droit réclamé est un droit absolu, que l'on n'invoque pas seulement vis-à-vis du défendeur, mais vis-à-vis de tous. C'est d'ailleurs ce qui résulte formellement des lois 25, § 18, Dig., *De petitione hereditatis*, et 27, § 3, Dig., *De rei vindicatione*. Cependant, la pre-

mière de ces lois dit de cette action : « Etsi in rem sit,
« tamen quasdam personales habet præstationes, » et la
loi 7, C. , *De petitione hereditatis,* la qualifie de *mixta
personalis actio.* On a cherché à expliquer de diverses
manières comment les empereurs Dioclétien et Maximien avaient pu concevoir l'idée d'une semblable qualification. Sans doute, cette qualification serait incom-
préhensible sous le régime formulaire, alors que, pour
spécifier la nature de l'action, on s'attachait surtout à la
rédaction de la formule. En effet, comment cette action
aurait-elle pu être mixte ou personnelle, quand son *intentio* était formulée *in rem?* Aussi ne voyons-nous paraître cette qualification que sous le règne de l'empereur
qui a abrogé de la manière la plus large le système formulaire. M. de Savigny voit l'explication de cette expression dans ce fait, que la pétition d'hérédité ne peut
pas être intentée contre tous détenteurs, mais seulement
contre ceux qui possèdent *pro herede* ou *pro possessore.*
Cette explication ne nous paraît pas admissible. Si l'*intentio* est *in rem,* qu'importe que la *condemnatio* soit plus
ou moins empreinte d'un caractère de personnalité? Le
véritable motif d'une semblable appellation se tire évidemment de la comparaison des deux lois que nous avons
citées plus haut. On y trouve, en effet, une certaine simi-
litude d'expressions qui permet d'expliquer l'une à l'aide
de l'autre. Dioclétien appelle cette action *mixta personalis,* parce que, comme le dit Ulpien, *habet quasdam
personales præstationes.* On peut, d'ailleurs, en donner
un exemple plus saillant que ceux qui se trouvent dans
la loi 25, § 18, précitée. La pétition d'hérédité, en effet,
peut, dans certaines circonstances, n'avoir d'autre but

que celui de procurer l'exécution d'une obligation; ainsi, par exemple, un débiteur du défunt nie que son adversaire en soit l'héritier. Dans cette hypothèse, la seule question à résoudre est celle de savoir qui est héritier. On donnera donc contre ce débiteur la pétition d'hérédité, qui, par conséquent, produira alors les effets d'une action personnelle. Dans ce cas, et dans ceux qui sont analogues, la pétition d'hérédité emprunte une partie de la nature et des effets de l'action personnelle qu'elle remplace.

La pétition d'hérédité, comme toutes les actions réelles, est arbitraire, c'est-à-dire qu'à l'aide des mots *nisi restituat*, probablement insérés dans la formule, on pourra éviter cette conséquence fâcheu.. du système formulaire, de n'aboutir qu'à des condamnations pécuniaires. Le juge, en effet, commencera par fixer dans son *arbitrium* ou *jussus* l'étendue des restitutions que devra faire le défendeur, s'il veut éviter une condamnation; et même, à une certaine époque du droit romain, il forcera le possesseur, *manu militari*, à opérer cette restitution. Si elle ne peut s'opérer par suite de sa mauvaise volonté, ce dernier sera condamné à payer la somme fixée par le serment du demandeur.

Cette action est *in jus concepta* ; car son *intentio* est de droit civil. C'est en effet une question de droit civil que celle de savoir si quelqu'un est ou n'est pas héritier; son origine vient donc du droit civil. Elle était exclusivement réservée à la compétence du tribunal des centumvirs. Aussi, quand il se présentait un procès dont l'issue pouvait influencer la solution à intervenir sur la pétition d'hérédité, le défendeur à ce procès pouvait, en opposant la

præscriptio « quod præjudicium hereditati non fiat », demander le renvoi de son affaire après la décision du tribunal centumviral.

La pétition d'hérédité est-elle une action de bonne foi ?
On pourrait croire qu'avant Justinien il y avait sur ce
point une controverse, que l'empereur a tranchée en ran-
geant formellement la pétition d'hérédité parmi les actions de bonne foi. « Quamvis usque adhuc incertum erat
« sive inter bonæ fidei judicia connumeranda sit heredi-
« tatis petitio, sive non, nostra tamen constitutio aperte
« eam esse bonæ fidei deposuit(*Instit.* lib. 4, tit. 6, §28). »
Cependant, il nous paraît impossible qu'on ait jamais
hésité sur la question de savoir si la pétition d'hérédité
était, oui ou non, une action de bonne foi : en effet, ce
qui caractérise l'action de bonne foi, c'est l'addition des
mots tels que *ex fide bona* à la formule *quidquid ob eam
rem dare facere oportet*; il ne peut donc être question de
la division des actions en actions de droit strict et actions
de bonne foi qu'à propos d'actions *in personam*. Ce qu'on
avait discuté, c'était la question de savoir s'il était nécessaire d'insérer dans la formule une exception de dol
pour permettre au juge de régler d'après l'équité les
réclamations d'indemnité que le défendeur avait à faire
valoir contre l'héritier véritable auquel il devait restituer.
Les grands jurisconsultes de Rome étaient partagés sur
le point de savoir si le juge de la pétition d'hérédité pouvait d'office régler ces réclamations d'indemnité, ou bien
s'il fallait nécessairement que ce pouvoir lui eût été con-
féré expressément au moyen de l'exception de dol. Gaïus
s'en tenait au droit rigoureux, et enseignait que le défendeur devait proposer l'exception de dol pour conférer au

juge le pouvoir de régler ces indemnités. Mais Javolenus, Scœvola et Paul pensaient que la pétition d'hérédité, embrassant un ensemble de choses corporelles et incorporelles, un ensemble de valeurs susceptibles de se transformer, où le prix remplace la chose vendue; où, pour savoir ce que le possesseur de bonne foi doit restituer, on examine ce dont il s'est enrichi, et, par conséquent, ce dont il s'est appauvri, le compte des dépenses utiles entrait naturellement dans cette appréciation sans qu'il fût besoin de conférer au juge de pouvoir spécial. Justinien, en décidant que la pétition d'hérédité était une action de bonne foi, a simplement consacré le dernier système. Mais il faudrait bien se garder d'appliquer à la pétition d'hérédité les règles ordinaires des actions de bonne foi. Ainsi, la plus-pétition, qui n'a pas d'application dans les actions de bonne foi, aurait lieu, au contraire, dans la pétition d'hérédité. En outre, cette action étant arbitraire, le juge devait régler par un *jussus* la restitution à faire par le défendeur, sauf à le condamner pour le cas où il n'obéirait pas, tandis que dans les actions de bonne foi les restitutions se trouvaient immédiatement réglées sans *jussus* préalable.

CHAPITRE II.

QUELLES PERSONNES PEUVENT INTENTER L'ACTION EN PÉTITION D'HÉRÉDITÉ.

La pétition d'hérédité ne peut être intentée que par celui qui se prétend héritier; mais peu importe qu'il se dise appelé à la succession par le droit ancien ou par le droit nouveau, c'est-à-dire par la loi des Douze Tables ou par les sénatus-consultes et les constitutions impériales; peu importe également qu'il soit héritier *ab intestat* ou héritier testamentaire : il suffit qu'il soit héritier.

Celui qui n'est héritier que pour partie peut intenter la pétition d'hérédité aussi bien que celui qui est héritier pour le tout : seulement le juge, en le déclarant héritier pour cette partie, ne condamnera le défendeur à lui délaisser les effets de la succession qu'il possède que pour la part dont il est héritier.

Il faut donc être héritier pour avoir droit d'agir par la pétition d'hérédité; mais il n'est pas nécessaire d'être appelé nommément à l'hérédité que l'on revendique; l'action compète également lorsque l'hérédité a été déférée, soit à une personne qui se trouve en la puissance du demandeur, par exemple à un fils de famille ou à un esclave, soit à une personne dont il est héritier à n'importe quel degré.

La pétition d'hérédité appartient encore à celui qui est appelé à recueillir en vertu d'un testament le pécule castrans d'un fils de famille militaire : car, en ce qui concerne ce pécule, le fils de famille est assimilé à une personne *sui juris*.

La qualité d'héritier est donc la condition nécessaire et suffisante de l'exercice de cette action. Il en résulte que le légataire partiaire, fût-il en fait légataire de toute l'hérédité, ne pourrait pas intenter l'action dont il s'agit, puisqu'il n'est qu'un acquéreur de droits et de créances.

L'acquéreur de droits successifs ne peut pas non plus intenter l'action de son chef; mais il avait la ressource d'agir comme *procurator in rem suam*, au nom de son vendeur, après avoir obtenu de celui-ci la cession de son action : de plus, s'il n'avait pas eu la précaution de se faire céder cette action, on lui accordait une pétition d'hérédité utile, comme *emptor universitatis*.

Remarquons sur ce point que le cessionnaire, investi d'une hérédité par la cession *in jure* que l'héritier légitime lui avait faite avant l'adition, aurait l'action directe, car une telle cession le rend héritier exactement comme s'il était appelé par la loi. Mais le cessionnaire n'aurait point cette action si la cession avait été faite après l'adition ; car, dans ce cas, il est censé n'avoir cédé qu'à titre singulier chacun des objets héréditaires susceptibles d'une cession *in jure*.

Le fidéicommissaire ne pouvait pas intenter la pétition d'hérédité directe. En effet, si la restitution se faisait d'après le sénatus-consulte Pégasien, il était *loco legatarii*, et, si elle se faisait d'après le sénatus-consulte. Trébellien, il avait une action utile, dite *fideicommissaria hereditatis petitio*, produisant, du reste, les mêmes effets que la pétition d'hérédité directe, laquelle, d'après le droit civil, continuait d'appartenir au fiduciaire.

Quant aux héritiers prétoriens ou *bonorum possessores*, on leur donna une action utile dite *possessoria hereditatis petitio*; ils avaient également l'interdit *quorum bonorum*, et la coexistence de ces deux moyens donne lieu à des questions délicates qui sortiraient de notre matière. Nous dirons seulement que la pétition d'hérédité possessoire comprenant les créances, les choses incorporelles que l'interdit *quorum bonorum* ne comprenait pas, servait au possesseur de biens à actionner des individus qu'il n'aurait pu atteindre par l'interdit *quorum bonorum* seul. D'autre part, l'interdit *quorum bonorum* avait cet avantage, de faire obtenir l'objet réclamé en prouvant seulement que le défunt en avait eu la possession, et de faire jouer à celui qui l'avait obtenu le rôle de défendeur à la pétition d'hérédité.

CHAPITRE III.

CONTRE QUELLES PERSONNES PEUT ÊTRE INTENTÉE L'ACTION EN PÉTITION D'HÉRÉDITÉ.

La pétition d'hérédité peut être intentée contre toute personne qui possède, soit l'hérédité tout entière ou la plus grande partie des biens de l'hérédité, soit un droit ou un objet héréditaire, quelque minime qu'il soit, et qui conteste la qualité héréditaire en laquelle on demande la restitution.

Le concours de ces deux circonstances, possession de choses ou de droits dépendant de l'hérédité et contestation de la qualité héréditaire du demandeur, est absolument nécessaire pour que la pétition d'hérédité soit régulièrement formée. L'une d'elles seule est évidemment insuffisante : car si le défendeur ne possède aucune chose ou aucun droit dépendant de l'hérédité, l'action doit être refusée, parce que le demandeur n'aurait aucun intérêt à l'intenter; et si la qualité héréditaire du demandeur n'est pas contestée, le débat devient tout à fait étranger à l'action en pétition d'hérédité, par laquelle on réclame la propriété de l'hérédité, et non de telle ou telle chose particulière. Il y a lieu alors à une simple revendication ou à toute autre action, suivant la nature des choses ou des droits réclamés.

Mais il ne suffisait pas que quelqu'un possédât une chose ou un droit héréditaire pour qu'il fût exposé à la pétition d'hérédité; il fallait de plus qu'il le possédât *pro herede* ou *pro possessore*.

L'explication des mots posséder *pro herede*, posséder *pro possessore*, n'est pas sans difficulté. En effet, les jurisconsultes romains ont défini différemment ces deux titres de possession. D'après Ulpien, Arrien et Proculus, possède *pro herede* celui qui croit être héritier ou se prétend héritier sachant très-bien qu'il ne l'est pas; possède *pro possessore* le *prædo*, c'est-à-dire celui qui à cette interrogation : Pourquoi possédez-vous? répond : Je possède parce que je possède, et ne se prétend pas héritier, même par mensonge. « Pro herede possidet qui putat se hæredem « esse. Sed an is qui scit se heredem non esse pro herede « possideat, quæritur? Et Arrianus, libro II *De interdic-* « *tis*, putat teneri; quo jure nos uti Proculus scribit. Pro « possessore vero possidet prædo, qui interrogatus cur « possideat, responsurus sit, quia possideo, nec conten- « det se heredem, vel per mendacium. » Mais nous trouvons une opinion contraire de Gaïus dans son commentaire IV, § 144, opinion qui a été reproduite par Justinien dans ses *Institutes*, liv. 4, titre 15, § 3. Suivant eux, celui-là seul possède *pro herede* qui est héritier ou qui se prétend de bonne foi héritier; quant à celui qui, de mauvaise foi, se prétend héritier, c'est, d'après Gaïus, un possesseur *pro possessore*. « Pro herede autem possidere vide-

« tur, tam is qui heres est, quam is qui putat se heredem
« esse : pro possessore is possidet, qui sine ulla causa
« aliquam rem hereditariam, vel etiam totam heredita-
« tem, sciens ad se non pertinere possidet. »

On a cherché à concilier ces deux textes; mais les opi-
nions qu'ils expriment sont trop diamétralement oppo-
sées pour qu'on puisse le faire avec succès. Pothier y a
échoué. Dans la conciliation qu'il a proposée, il sous-
entend les mots *hoc contendit* après les mots *vel per mendacium*, et il traduit : Possède *pro possessore*, celui qui ne
se prétend pas du tout héritier, ou qui le prétend par un
mensonge. Ulpien se rangerait alors à l'opinion de Gaïus.
Cette explication ne nous paraît pas admissible; d'abord
parce qu'elle force le sens du mot *vel*, qui veut dire *même*,
et non pas *ou;* ensuite parce qu'elle est en contradiction
avec l'opinion exprimée par Ulpien dans le même texte,
où ce jurisconsulte déclare que le possesseur qui sait
n'être pas héritier est néanmoins un possesseur *pro herede*. D'autres jurisconsultes ont, avec raison, selon nous,
fait remarquer que, dans les deux textes cités plus haut,
il y avait deux manières de voir. Ulpien cite Proculus, et
admet l'opinion proculéienne. Gaïus, au contraire, était
sabinien. Seulement à quoi peut tenir cette divergence?
Elle provient sans doute de l'ancienne usucapion *pro
herede*. Dans l'ancien droit romain, quand une hérédité
était ouverte, toute personne qui prenait possession des
choses héréditaires, et qui les possédait pendant un an,
en devenait propriétaire. On pouvait même primitivement usucaper ainsi le titre d'héritier. C'était l'usucapion
dite *lucrativa* ou *improba*, parce qu'elle s'opérait sans
titre ni bonne foi. Cette usucapion *pro herede*, établie

pour que les hérédités ne restassent pas trop longtemps vacantes, dans le double but de faciliter les poursuites des créanciers contre les biens de l'hérédité et d'empêcher l'interruption du culte des dieux domestiques, avait été modifiée par un sénatus-consulte d'Adrien, qui décida que la pétition d'hérédité serait intentée avec effet par les héritiers contre ceux qui avaient usucapé *pro herede*. Cette usucapion les rendait encore propriétaires vis-à-vis des tiers, mais non plus vis-à-vis de l'héritier. Cela posé, en se rapportant au droit ancien, il est naturel de dire que celui-là qui possède, même de mauvaise foi, des choses héréditaires, possède *pro herede*, puisqu'il usucape *pro herede*. Si, au contraire, on se place après le sénatus-consulte d'Adrien, et qu'on considère que les effets d'une telle usucapion sont annulés, au moins à l'égard de l'héritier véritable, on conçoit que Gaïus refuse à la possession de mauvaise foi la qualification de possession *pro herede*.

Celui qui possède en vertu d'un titre nul est absolument dans la même position que celui qui possède sans titre. C'est ce qui fait dire à Ulpien que la possession *pro possessore* peut s'unir à tous les titres; c'est-à-dire que toutes les fois qu'on possède sciemment en vertu d'un titre vicieux, on n'a qu'en apparence la possession en vertu d'un titre. Il en est ainsi de celui qui aurait acheté de l'héritier apparent qu'il savait fou, de celui qui, ayant épousé une mineure de douze ans, en aurait reçu en dot quelque objet héréditaire, du légataire qui aurait touché le legs à lui fait sur une cause dont il connaissait la fausseté; dans tous ces cas, le titre *pro possessore* s'adjoindrait aux titres *pro emptore*, *pro dote*, *pro legato*.

L'action en pétition d'hérédité est donnée contre celui qui possède *pro herede*, parce que ce possesseur, non-seulement nie la qualité d'héritier à laquelle prétend le demandeur, mais encore s'attribue à lui-même cette qualité; c'est, à vrai dire, une revendication de son titre d'héritier que le demandeur intente contre lui. Dans le cas de possession *pro possessore*, la négation de cette qualité, quoique implicite, n'en est pas moins réelle : il importe assez peu au demandeur que celui qui possède refuse de restituer en se disant héritier ou simplement détenteur. En définitive, l'obstacle à son droit est égal, puisqu'il n'obtient les choses dépendant de l'hérédité ni dans l'un ni dans l'autre cas.

Le demandeur en pétition d'hérédité peut toujours s'assurer par une interrogation *in jure* de la qualité en laquelle son adversaire prétend posséder : la loi 11, Code, *De petitione hereditatis*, oblige ce dernier à déclarer s'il possède à titre d'héritier ou bien de détenteur.

On peut posséder à l'un et à l'autre titre, soit une ou plusieurs choses, soit un ou plusieurs droits dépendant de l'hérédité. De là le possesseur est dit, suivant les cas, *possessor rei* ou *possessor juris ;* l'un et l'autre sont soumis à la pétition d'hérédité.

La pétition d'hérédité peut être intentée, non-seulement contre celui qui possède des objets dont la propriété appartenait au défunt, mais encore contre celui qui possède des objets qui lui avaient été donnés en gage ou en dépôt. La raison en est que l'héritier est responsable de ces choses. Il en est de même des objets pour la restitution desquels le défunt avait l'action Publicienne.

La pétition d'hérédité est encore accordée à l'héritier.

contre celui qui possède des objets sur lesquels le défunt n'avait qu'un simple droit de rétention, par exemple, lorsqu'il avait juré que la chose n'appartenait pas au demandeur en revendication. Celui qui ne détient que des fruits de l'hérédité est également passible de cette action, car les fruits font partie de l'hérédité, *fructus augent herediatem.*

Ainsi que nous l'avons dit, on peut posséder, soit *pro herede*, soit *pro possessore*, non-seulement des choses corporelles, mais encore des droits. Qu'est-ce que posséder un droit *pro herede* ou *pro possessore?* On entend, en général, par posséder un droit, exercer un droit autre que le droit de propriété. Posséder un droit *pro herede*, c'est donc exercer un droit héréditaire en se prétendant héritier. Par exemple, un débiteur de la succession refuse de payer une dette héréditaire en se prétendant héritier : il ne nie pas l'existence de la dette, mais il soutient qu'il y a eu confusion, parce qu'il est héritier. Ce débiteur est un *possessor juris*, car il se met en possession d'une créance héréditaire. Il en serait autrement si le débiteur, sans se prétendre héritier, refusait de payer sous prétexte que le demandeur n'est pas l'héritier. Il n'y aurait pas lieu dans ce cas à la pétition d'hérédité contre ce débiteur, *qui nullam facit hereditatis controversiam.* L'héritier aurait à exercer l'action qui est née du contrat; mais il devrait justifier de sa qualité d'héritier, qui a fait passer l'action du défunt en sa personne.

La nature de la dette ne modifie pas, d'ailleurs, l'action : il importe peu, en effet, que le débiteur soit obligé à raison d'un contrat ou d'un délit, envers le défunt ou sa succession.

Il y aurait encore possession d'un droit *pro herede* dans l'hypothèse suivante. Le défunt a légué une chose *detracto usufructu;* l'héritier testamentaire a délivré la chose en retenant l'usufruit, mais le testament est plus tard annulé. L'agnat qui l'a fait annuler peut intenter la pétition d'hérédité contre le prétendu héritier, en raison du droit héréditaire qu'il possède.

Il est plus difficile de comprendre comment on peut posséder un droit héréditaire *pro possessore.* Cependant, la loi 13, §1, *De servo corrupto,* nous en fournit un exemple. Nous y voyons que celui qui a corrompu un esclave héréditaire peut être actionné comme *prædo* par la pétition d'hérédité. En effet, le corrupteur de l'esclave s'est rendu débiteur par un délit; dès lors il n'a pas de cause de possession qu'il puisse invoquer; il est en demeure *ab initio* de rendre ce qu'il n'aurait pas dû prendre. Il est dans la même position que celui qui possède en vertu d'une donation ou d'une vente nulle; il ne peut pas invoquer son ti'·e.

Celui qui possède le prix de choses héréditaires qui ont été aliénées est encore tenu comme possesseur d'un droit. Il en serait de même si la vente avait été faite par un esclave. Cujas et Pothier pensent que dans ce cas le maître n'est pas actionné comme *juris possessor,* mais bien comme *rei possessor ;* ils attribuent le mot *juris* à une erreur de copiste. Cette correction n'est pas nécessaire. Le prix des choses héréditaires n'est pas chose héréditaire. Le maître dont l'esclave a touché le prix ne peut le garder : son esclave a seulement fait l'affaire de l'hérédité; il a un compte à rendre comme *negotiorum gestor;* il est donc réellement *possessor juris.* C'est aussi comme *possessor juris* que serait tenu celui qui aurait touché une créance héréditaire. Il ne détient pas une chose héréditaire : la créance seule était héréditaire. L'argent payé par les débiteurs, de même que le prix des choses héréditaires vendues par l'héritier apparent, ne sont point choses héréditaires. Lors donc qu'on demande ces prestations au possesseur, c'est comme débiteur qu'on l'actionne, et parce qu'il a contracté, comme gérant d'affaires, l'obligation de rendre compte.

La pétition d'hérédité peut pareillement être accordée contre celui qui, ayant lui-même intenté cette action contre une autre personne, a triomphé et a reçu la *litis œstimatio* : c'est comme *possessor juris* que le montant de cette condamnation pourra lui être réclamé.

On peut concevoir en droit une hérédité indépendamment de tout objet corporel. Ainsi, on peut agir en pétition d'hérédité contre une personne qui n'a entre les mains aucun objet héréditaire, mais seulement un droit provenant de l'hérédité. Une personne qui possédait un objet héréditaire en a été dépouillée par violence ; elle a, pour recouvrer la possession de cet objet, l'interdit *unde vi*. L'héritier véritable pourra intenter contre elle la pétition d'hérédité pour se faire céder cet interdit; ce qui n'empêche pas celui qui est en possession de l'objet d'être tenu de la même action s'il se prétend héritier.

De même, le possesseur de bonne foi qui, ayant vendu les choses héréditaires qu'il possédait, n'en a pas encore touché le prix, est passible de la pétition d'hérédité; car il doit, s'il succombe, céder au demandeur les actions qu'il a contre l'acheteur.

D'après Julien, on peut intenter la pétition d'hérédité contre celui qui, en vertu d'un fidéicommis, a restitué l'hérédité ou des choses particulières qui en dépendent. Il a, en effet, une action pour se faire rendre ce qu'il a ainsi remis, et il est, par cela même, *veluti possessor juris;* mais il suffit qu'il cède son action. Ulpien, au contraire, ne donnait l'action' en pétition d'hérédité contre celui qui avait restitué en vertu d'un fidéicommis que lorsqu'il l'avait fait par dol. L'opinion de Julien est plus juridique.

Maintenant que nous avons passé en revue les personnes qui sont tenues de la pétition d'hérédité directe, soit comme *possessores rei,* soit comme *possessores juris,* nous allons voir quelles sont celles contre lesquelles se donne la pétition d'hérédité utile.

Elle se donne en premier lieu contre celui qui, ne possédant pas, s'est offert au procès. S'offrir au procès, c'est déclarer qu'on possède quand on ne possède pas; c'est accepter la question telle que le demandeur se prépare à la poser devant le préteur, et, par conséquent, le tromper en l'empêchant d'attaquer le possesseur véritable. Cette manœuvre constitue un dol, dont la répression est sanctionnée par la *cautio dolum abesse,* comprise dans la *satisdatio judicatum solvi,* donnée par le défendeur lors de la *litis contestatio;* le juge peut donc condamner le défendeur à réparer les suites de cette fraude, à indemniser le demandeur, si, par exemple, pendant le temps perdu par suite de cette erreur, le véritable possesseur a acquis des fruits, est arrivé à l'usucapion, ou est devenu insolvable. Cette indemnité sera déterminée par le serment du demandeur avec ou sans maximum fixé par le juge.

Il faut, du reste, qu'il y ait eu dol véritable et que le demandeur en ait souffert. Si donc le défendeur, après avoir affirmé qu'il possédait, a déclaré le contraire lors de la *litis contestatio*, c'est par suite, non d'une tromperie, mais d'une erreur à lui propre, que le demandeur a néanmoins requis délivrance de la formule. Il en serait de même si l'héritier savait que son adversaire mentait quand il se déclarait possesseur. Il n'y a alors ni erreur, ni préjudice causé, ni par conséquent lieu à indemnité.

La pétition d'hérédité utile se donne encore contre celui qui a cessé de posséder par dol, quand même cette perte de possession aurait eu lieu avant la *litis contestatio*. C'est en ce sens que la pétition d'hérédité comprend le *dolus præteritus :* ce dol consiste à se défaire des objets héréditaires, quoiqu'on sache que l'on n'est pas héritier et que l'on peut être actionné par l'héritier véritable. Il y a encore dol, de la part de l'héritier apparent, à restituer, en vertu d'un fidéicommis, à une personne qu'il sait incapable de recevoir.

Au dol est assimilé la faute, même *in omittendo*, que n'aurait pas commise un bon père de famille. Ainsi sera considéré comme ne possédant pas, à cause de son dol, celui qui, sachant n'être pas héritier, aura refusé ou omis de toucher une créance qu'il pouvait percevoir.

Dans les cas où il y a lieu à la pétition d'hérédité utile par suite du dol du défendeur, l'héritier qui a obtenu condamnation n'en conserve pas moins le droit d'intenter la pétition d'hérédité directe contre le véritable possesseur. La somme à laquelle le premier défendeur a pu être condamné est la peine de sa manœuvre frauduleuse: il la paye en son propre nom, et non à la décharge du vrai possesseur, dont la position vis-à-vis de l'héritier n'est pas changée.

Il en serait autrement si le véritable possesseur, d'abord actionné, avait restitué la chose ou en avait payé l'estimation. L'héritier ne pourrait plus faire condamner celui qui par dol a cessé de posséder. En effet, la condamnation que celui-ci encourt par son dol est destinée à indemniser le demandeur du tort qu'il éprouve; or, le demandeur n'a plus d'intérêt s'il a déjà obtenu la restitution de la chose ou le payement de sa valeur.

Si pendant le procès intenté par l'héritier contre le défendeur, qui ne possède pas, à raison du dol qu'il a commis, le véritable possesseur déclarait qu'il est prêt à soutenir le procès, l'héritier devrait abandonner la première poursuite, à moins qu'il n'eût intérêt à la continuer à cause des difficultés que pourrait présenter pour lui un procès contre le véritable possesseur, homme puissant ou justiciable d'une autre juridiction.

D'après le sénatus-consulte Juventien, dont nous parlerons plus loin, le défendeur qui a cessé de posséder par dol doit être condamné comme s'il possédait encore. Il n'est donc pas débiteur du prix qu'il a reçu (ce prix pourrait être bien inférieur à la valeur de l'objet vendu), mais de la valeur même de cet objet, à moins cependant que le prix ne soit supérieur à cette valeur; car, dans ce cas, le possesseur, en retenant la différence existant entre le prix et la valeur, retirerait un profit de l'hérédité: or, il n'en doit retirer aucun.

Nous verrons plus loin que le possesseur de mauvaise foi est, en principe, responsable de la perte de la chose héréditaire arrivée même par cas fortuit. Nous remarquerons seulement ici que, si l'on suivait le principe du sénatus-consulte, d'après lequel le possesseur de mauvaise foi doit être condamné comme s'il possédait encore, il pourrait se présenter telle hypothèse où il serait mieux traité que le possesseur de bon e foi. En effet, supposons qu'il ait reçu un prix quelconque d'un objet héréditaire : s'il ne s'était point dessaisi de cet objet, il ne devrait rien, puisque cet objet aurait péri par cas fortuit. Néanmoins, on décide qu'il est tenu de restituer le prix qu'il a entre les mains; car, dans le même cas, le possesseur de bonne foi est astreint à cette restitution, et il serait contraire à l'esprit du sénatus-consulte que le possesseur de mauvaise foi fût mieux traité que le possesseur de bonne foi.

La pétition d'hérédité utile s'intente encore contre l'acheteur de l'hérédité. Telle est la décision formelle de la loi 13, § 4, Dig., *De petit. hereditatis*. L'espèce prévue par cette loi est celle-ci : l'héritier putatif a vendu l'hérédité et livré à l'acheteur tout ce qui la compose. Dans cette hypothèse, Ulpien décide que l'héritier véritable, par exemple, l'agnat qui a prouvé la nullité du testament, peut actionner l'acheteur. Il est d'abord bien évident qu'il peut actionner le vendeur, c'est-à-dire l'héritier putatif, par la pétition d'hérédité directe : car, si ce vendeur est de bonne foi, il possède sous une autre forme des choses héréditaires, puisqu'il possède le prix de la vente; et s'il est de mauvaise foi, il doit être traité comme s'il possédait encore l'hérédité. Mais si nous supposons *non exstare ven-*

ditorem, c'est-à-dire que le vendeur soit mort insolvable sans laisser d'héritier, ou qu'il ait disparu pour toujours, ou bien que cet héritier apparent, possesseur de bonne foi, ait vendu l'hérédité pour un prix modique, auquel cas, d'après le sénatus-consulte Juventien, il n'est tenu que jusqu'à concurrence de ce qu'il a reçu, il est clair qu'il y a grand intérêt pour l'agnat à pouvoir actionner l'acheteur. Cet acheteur ne peut être poursuivi par la pétition d'hérédité proprement dite, puisqu'il ne possède les objets héréditaires ni *pro herede,* ni *pro possessore,* mais à titre d'achat et comme successeur particulier du vendeur.

L'action directe que l'héritier aurait contre lui, c'est donc la revendication ; mais comme cette action ne peut tendre qu'à un objet particulier, il faudrait que l'héritier véritable intentât autant de revendications que le défendeur possède d'objets ; et, dans chaque procès particulier, il se fonderait toujours sur la même cause. C'est pourquoi, pour ne pas multiplier les procès et vexer inutilement le possesseur, on donne contre lui la pétition d'hérédité utile, c'est-à-dire la pétition d'hérédité étendue, *utilitatis causa,* à une hypothèse non prévue par le droit civil.

Si l'acquéreur était de mauvaise foi, et avait acheté la succession sachant parfaitement qu'elle n'appartenait pas à son vendeur, quelques jurisconsultes étaient d'avis de donner contre lui la pétition d'hérédité directe ; mais Ulpien, se fondant sur ce motif que l'on ne peut considérer comme *prædo* l'acheteur qui a payé un prix, le déclare seulement tenu de la pétition d'hérédité utile, parce qu'il est acquéreur d'une universalité.

Il résulte du texte de la loi 13, §4, Dig., *De petit. heredi-*

tatis, que l'héritier véritable a une action réelle pour revendiquer contre le tiers acquéreur tous les objets héréditaires, et l'on ne distingue pas si l'héritier apparent est de bonne ou de mauvaise foi, ou si cette éviction l'exposera à un recours en garantie. Il suit de là que, malgré le principe du sénatus-consulte Juventien, qui veut que l'héritier putatif de bonne foi ne puisse être poursuivi que jusqu'à concurrence de ce dont il s'est enrichi, le recours en garantie du tiers acquéreur évincé pourra avoir pour résultat d'appauvrir le patrimoine particulier de l'héritier apparent. Mais le texte de la loi 13, § 4, précitée, ne paraît pas s'inquiéter de cette conséquence. Comment le concilier avec la loi 25, § 17, du même titre, qui s'exprime ainsi? « Item si rem distraxit bonæ fidei possessor, nec « pretio factus sit locupletior, an singulæ res, si nondum « usucaptæ sint, vindicare petitor possit? Et si vindicet, « an exceptione non repellatur, quod præjudicium here- « ditati non fiat inter actorem et eum qui venumdedit, « quia non videtur venire in petitionem hereditatis pre- « tium earum. Quanquam victi emptores reversuri sunt « ad eum qui distraxit? Et puto posse res vindicari, nisi « emptores regressum ad bonæ fidei possessorem ha- « bent. » Ce texte a soulevé de nombreuses difficultés, et il est interprété de diverses manières par les auteurs de droit français, dans la question de savoir si le droit romain reconnaissait la validité des aliénations faites par l'héritier putatif, ou s'il permettait au véritable héritier d'exercer la revendication contre les tiers détenteurs.

Il est évident que le principe du droit de revendication de l'héritier véritable contre les tiers acquéreurs, ayants-cause de l'héritier apparent, n'est point contestable en lui-même. Il est posé au Code dans les lois **2** et **7**, *De hereditatis petitione*, et loi *4*, *In quibus causis cessat longi temporis præscriptio*. Mais ne faut-il pas faire une exception pour le cas où l'héritier apparent vendeur, étant de bonne foi, va se trouver, par le recours en garantie de son acheteur évincé, atteint au delà du profit qu'il avait retiré de la vente? Ne faut-il pas reconnaître que, dans ce cas, grâce à la faveur accordée à l'héritier de bonne foi par le sénatus-consulte Juventien, de n'être tenu que *quatenus locupletior factus est*, l'acquéreur se trouvait indirectement protégé par une exception *ex persona venditoris*, et pouvait, dans ce cas seulement, repousser la revendication? Doneau, Pothier et M. Troplong pensent que la revendication pourra être repoussée par l'acheteur au moyen de cette exception *ex persona venditoris*; et les mots du texte : *Et puto posse res vindicari, nisi emptores regressum ad bonæ fidei possessorem habent*, semblent leur donner raison. Mais alors la loi 13, § 4, exprime une opinion diamétralement contraire. Pourquoi, en effet, l'action utile en pétition d'hérédité est-elle donnée? *Ne singulis judiciis vexetur*, pour que l'acheteur ne soit pas tourmenté par autant de revendications spéciales qu'il y a d'objets particuliers dans l'hérédité. Il est donc soumis à la revendication, malgré la bonne foi de l'héritier apparent, qui pourtant, dans l'espèce, *modico vendiderat*. Merlin accorde également l'exception dont il s'agit à l'acheteur d'objets particuliers; mais, pour ne pas laisser sans application possible la loi 13, § 4, il la refuse à l'acheteur de tout ou partie de l'hérédité, distinction impossible, puisque l'acheteur de l'hérédité était, en principe, traité comme l'acheteur d'objets particuliers et soumis comme lui à la revendication, et que, s'il avait été déclaré passible de l'action en pétition d'hérédité, c'était uniquement *ne singulis judiciis vexaretur.* MM. Toullier, Duranton et Pellat, donnent, au contraire, de la difficulté qui nous occupe, l'interprétation suivante : tant que l'usucapion n'est pas accomplie, l'héritier véritable ne peut pas perdre son droit de propriété sur la chose, si favorable que soit d'ailleurs la position du tiers détenteur. Dans la loi 25, § 17, il ne s'agit donc pas de savoir si l'héritier peut revendiquer contre l'acheteur, ce qui est hors de doute, mais seulement de savoir si la revendication peut être suspendue par un *præjudicium;* si, en un mot, l'acheteur peut écarter momentanément l'héritier revendiquant par le raisonnement suivant : « Vous dites que cette chose est à vous, parce que vous vous prétendez héritier de Titius ; mais moi, je l'ai achetée de Sempronius, qui se prétendait aussi héritier de Titius ; ainsi, allez d'abord faire juger contre Sempronius que vous êtes véritablement l'héritier de Titius, car nous ne pourrions débattre le procès sur la question de propriété, sans faire préjuger, par la décision qui serait rendue, la question d'hérédité. » En effet, quoique la sentence sur la revendication intentée contre un tiers détenteur n'eût pas force de chose jugée entre les parties qui figuraient dans la pétition d'hérédité, puisque, dans cette dernière action, ce n'était pas la même personne qui apparaissait comme défendeur, et que l'objet du procès était différent, cependant on avait admis que, lorsque dans deux procès la solution de l'un pouvait influer sur la solution de l'autre, mais que la décision de celui-ci appartenait à un tribunal supérieur et celle du premier à un tribunal inférieur, le défendeur de cette dernière juridiction pouvait arrêter court le demandeur par une fin de non-recevoir, en lui objectant que les juges les plus élevés n'avaient pas encore été saisis du procès. Ceci explique la première phrase de la loi 25, § 17 : « Si l'héritier revendique, faut-il dire qu'il ne sera pas repoussé par l'exception *quod præjudicium non fiat hereditati?* » Il semble qu'il faille ie dire, sous-entend Ulpien, car il n'y a pas de pétition d'hérédité à intenter contre l'héritier putatif au sujet de la chose vendue, puisque, par hypothèse, il en a dissipé le prix, *quia non videtur venire in petitionem hereditatis pretium earum,* et ne possède, par conséquent, plus rien qui en soit la représentation. Or, toutes les fois que la pétition d'hérédité n'était pas possible, le préjugé d'une décision sur une autre n'étant plus à craindre, l'exception *quod præjudicium* n'avait plus de raison d'être. Cependant, ajoute Ulpien, l'exception *quod præjudicium* pourra être opposée si l'acheteur á un recours contre son vendeur. En effet, la pétition d'hérédité est alors possible ; car, si l'acheteur est évincé, le possesseur de l'hérédité sera obligé de l'indemniser par l'action en garantie. Ce dernier a, par conséquent, intérêt à prouver que c'est lui qui est héritier, et qu'il n'a point vendu la chose d'autrui. Voilà pourquoi Ulpien décide que la revendication immédiate n'est possible que dans le cas où l'acheteur n'a point de recours contre son vendeur.

En résumé, le droit romain ne reconnaît jamais la validité des aliénations faites par l'héritier apparent : l'héritier resté propriétaire revendiquera toujours sa propriété là où il la trouvera ; seulement cette revendication sera provisoirement suspendue par l'exception *quod præ-*

judicium dans tous les cas où la pétition d'hérédité sera possible, c'est-à-dire : 1° si le possesseur était de mauvaise foi, car il est tenu comme s'il possédait; 2° s'il est de bonne foi, mais qu'il se soit enrichi; 3° même dans le cas où il est de bonne foi et ne s'est pas enrichi, si l'acheteur a un recours contre lui. Et même, dans cette dernière hypothèse, si l'héritier apparent consentait de lui-même à répondre à la pétition d'hérédité, l'héritier véritable revendiquant contre le tiers acquéreur serait repoussé cette fois définitivement, et par une exception *ex persona emptoris* : car il y a dol de sa part à revendiquer des objets dont l'aliénation par l'héritier apparent est implicitement ratifiée par cela seul qu'il intente contre ce dernier la pétition d'hérédité. Cette exception pourra être opposée *à fortiori* à l'héritier véritable qui a consenti à recevoir de l'héritier apparent le prix, quel qu'il soit, de la vente faite par celui-ci.

L'interprétation que nous venons de donner de la loi 25, § 17, *De petitione hereditatis*, est conforme à la décision contenue dans la loi 13, § 4, *eodem titulo ;* mais elle paraît contraire à la disposition du sénatus-consulte Juventien, d'après laquelle le possesseur de bonne foi ne peut être poursuivi par l'héritier véritable que jusqu'à concurrence de ce dont il se trouve enrichi. Or, l'action en garantie devant avoir pour résultat d'appauvrir le patrimoine particulier de l'héritier apparent, puisque l'on suppose que celui-ci a dissipé le prix sans en tirer aucun profit, il arrivera qu'en revendiquant, l'héritier véritable obtiendra, par une voie indirecte, un résultat qu'il lui est interdit d'atteindre directement. Mais on peut répondre à cette objection : il est vrai que, par la pétition d'hérédité, l'héritier putatif ne doit rendre que ce dont il s'est enrichi ; mais ici, ce n'est ni à l'héritier véritable, ni par suite de la pétition d'hérédité, qu'il doit payer des dommages-intérêts, il les payera, comme vendeur, à l'acheteur évincé, par suite de l'action *ex empto :* la règle du sénatus-consulte Juventien ne concerne pas les rapports particuliers de l'héritier considéré comme vendeur vis-à-vis de son acheteur.

La pétition d'hérédité utile se donne encore contre celui qui a acheté du fisc un hérédité dont ce dernier s'était emparé comme vacante. Mais cette disposition n'eut plus d'application depuis que fut promulguée la constitution de Zénon, qui mit dans ce cas les acquéreurs à l'abri de toute attaque, et ne laissa au véritable propriétaire qu'une action contre le fisc, prescriptible par le laps de quatre ans.

Enfin, la pétition d'hérédité utile peut s'intenter contre le mari auquel son épouse a apporté en dot une hérédité. Le mari est tenu, comme possesseur *titulo singulari* d'une universalité. Quant à la femme, elle pourra être actionnée par la pétition d'hérédité directe, surtout si le divorce a eu lieu, parce qu'alors elle a l'action *rei uxoriœ*, au moyen de laquelle elle peut se faire rendre tout ce qu'elle a donné en dot. Elle est également tenue de la pétition directe si le divorce n'a pas eu lieu, parce qu'elle a l'éventualité de cette action et l'avantage présent d'être dotée.

Remarquons, en terminant, que, pour qu'une personne soit passible de la pétition d'hérédité directe ou utile, il est indifférent qu'elle possède par elle-même ou par ceux qui sont en sa puissance. Ainsi, on peut demander au père de famille ou au maître les choses de l'hérédité qui sont possédées par son fils ou par son esclave. On peut aussi intenter la pétition d'hérédité contre le fils de famille, puisqu'il peut faire la restitution des choses réclamées, de même que défendre à l'action *ad exhibendum :* à plus forte raison, l'action pourrait être exercée si, étant père de famille et possédant une hérédité, il s'était donné en adrogation. Quant à l'esclave, il ne peut être actionné, puisqu'il ne peut point figurer dans une instance judiciaire. Dans ces diverses hypothèses, les principes de l'action *de peculio* sont inapplicables. Il ne s'agit pas, en effet, d'une créance sur laquelle le maître ou le père de famille puisse faire les déductions autorisées en pareil cas, et qui doive être exigée dans l'année sous peine de déchéance ; c'est une action réelle qui est intentée contre lui, parce qu'il a à sa disposition, par l'intermédiaire de son fils ou de son esclave, un objet de l'hérédité. Il en serait autrement si le fils de famille ou l'esclave était débiteur de l'hérédité : alors, avec les principes de l'action personnelle renaîtraient ceux de l'action *de peculio*. La même différence existe entre le cas où le fils de famille ou l'esclave a conservé le prix des choses héréditaires qu'il a vendues, et celui où il a consommé ce prix. Dans la première hypothèse, les règles de l'action *de peculio* ne sont applicables ni quant à la durée de l'action, ni quant à la *deductio peculii*, parce que le père ou le maître est actionné en son nom comme *possessor juris*, comme s'il avait vendu et reçu lui-même. Dans le second cas, au contraire, le fils ou l'esclave s'étant rendu débiteur de l'hérédité, le père de famille est actionné à cause de l'obligation de son fils ou de son esclave, qui ne réfléchit contre lui que jusqu'à concurrence du pécule.

Notons enfin que l'héritier d'un possesseur de choses ou de droits héréditaires est soumis à la pétition d'hérédité, comme son auteur, lors même qu'il ignore que celui-ci possédât *pro herede* ou *pro possessore* les biens qu'il a trouvés dans sa succession.

CHAPITRE IV.

DE LA PROCÉDURE EN MATIÈRE DE PÉTITION D'HÉRÉDITÉ.

L'action en pétition d'hérédité a nécessairement suivi le mouvement de transformation qui a successivement développé à Rome les trois systèmes de procédure que l'on désigne par les expressions de système des actions de la loi, système formulaire, et système de la procédure extraordinaire.

Sous le système des actions de la loi, l'action *sacramenti* constituait la procédure de la pétition d'hérédité. Sans indiquer les détails de cette procédure, ce qui nous entraînerait hors de notre sujet, nous dirons seulement qu'elle consistait d'abord dans la *manuum consertio*, lutte primitivement réelle, plus tard devenue fictive, dans laquelle les parties se disputaient l'objet revendiqué. Dans le cas de la pétition d'hérédité, la lutte devait s'engager sur un objet quelconque de l'hérédité, qui était censé représenter l'hérédité elle-même. Puis chacun faisait la *vindicatio*, c'est-à-dire imposait successivement une baguette (*vindicta*) sur l'objet qu'il saisissait, en disant : *Hanc ego rem ex jure Quiritium meam esse aio, secundum suam causam, sicut dixi : ecce tibi vindictam imposui.* Le préteur terminait ce combat simulé en disant : *Mittite ambo hanc rem.* Alors les deux plaideurs se demandaient réciproquement raison de leurs prétentions respectives, et se provoquaient au *sacramentum.* On appelait ainsi la somme déposée par chaque partie, et que perdait celle qui succombait : cette somme était appliquée aux dépenses du culte. Plus tard, il suffit de donner des cautions (*prædes sacramenti*) garantissant le payement de cette somme, en cas de perte du procès. Ces formalités sacramentelles se terminaient par l'attribution que faisait le préteur, selon qu'il le jugeait convenable, de la possession intérimaire de la chose à l'une des parties, qui, en compensation, devait donner à l'autre caution de lui restituer, si elle succombait, la chose et les avantages que lui avait procurés la possession (*prædes litis et vindiciarum*). Enfin le préteur renvoyait l'affaire devant le juge, qui déclarait *injustum* le *sacramentum* de la partie dont la prétention ne lui paraissait pas fondée. Pour la pétition d'hérédité, les parties étaient renvoyées devant le tribunal des centumvirs, tribunal des grandes causes, imposant par le nombre des juges, la présence du préteur et la solennit de ses délibérations; l'*hasta*, symbole de la propriété quiritaire, était plantée dans le lieu de ses audiences. Ce tribunal célèbre survécut à l'abolition des *legis actiones* par la loi *Æbutia* et les deux lois *Julia*, et l'action *sacramenti* se conserva pour les affaires qui devaient lui être soumises. Mais la subtilité et le rigorisme des formules de cette action rebutaient les plaideurs, à qui un mot changé pouvait faire perdre les droits les mieux fondés. Aussi voyons-nous paraître, dès l'époque de Cicéron, deux moyens pour suppléer à cette action : nous voulons parler de la *sponsio* et de la *formula petitoria.*

Le premier moyen, celui de la *sponsio,* consistait à transformer la question d'hérédité en une question d'obligation ; c'est un dérivé sensible du *sacramentum.* Le demandeur interroge *in jure* le défendeur en lui disant : « Me promets-tu telle somme si l'hérédité d'un tel m'appartient? Le défendeur le promet. Le juge a ainsi à examiner une question d'obligation par stipulation qui dépend de la question de savoir si l'hérédité appartient au demandeur ou au défendeur. La *sponsio* n'est que fictive et préjudicielle, mais non point pénale. Le payement de la somme ainsi promise n'est pas exigé ; mais le défendeur a dû s'obliger par une caution dite *pro præde litis et vindiciarum,* à restituer la chose et les avantages de la possession. Cette procédure présente sur celle du *sacramentum* l'avantage que celui qui possède y est toujours défendeur, et n'est pas exposé à voir sa possession passer à son adversaire selon le gré du préteur. Seulement, ce magistrat détermine d'abord, à l'aide des interdits, à qui appartient véritablement la possession. Si le possesseur refusait de donner la caution *pro præde litis et vindiciarum,* alors, au moyen de l'interdit *quam hereditatem,* le préteur transférerait la possession au demandeur, qui serait, en conséquence, en devenant défendeur, déchargé du fardeau de la preuve. Comme nous l'avons dit, la *sponsio* était déjà appliquée à la pétition d'hérédité à l'époque de Cicéron.

Plus tard, on s'affranchit même de la nécessité de ce détour que l'on employait pour transformer la question de pétition d'hérédité en une question d'obligation, et on eut recours à la *formula petitoria*, dans laquelle on soutenait directement que l'on était héritier. Voici quelle devait être cette formule, autant que nous permettent de le supposer les formules analogues que nous connaissons : « Titius judex esto. Si paret hereditatem Sempronii de « qua agitur ex jure Quiritium Auli Agerii esse, quidquid « Numerius Negidius pro herede prove possessore possi- « det, nisi restituat, quanti ea res erit, judex Numérium « Negidium Aulo Agerio condemnato; si non paret, ab- « solvito. » La *formula petitoria* était déjà connue au temps de Cicéron, mais il est probable qu'elle n'était pas encore appliquée à cette époque à la pétition d'hérédité; elle l'était certainement à l'époque de Gaius. Au cas de *formula petitoria*, la caution *pro præde litis et vindiciarum* était remplacée par la caution *judicatum solvi*. Par cette caution, le défendeur s'engageait sur stipulation : 1° à défendre au procès; 2° à ne point commettre de dol; 3° à payer le montant de la condamnation.

C'est du moment où tous ces détours furent admis pour échapper à la compétence du tribunal des centumvirs que dut commencer la décadence de ce tribunal, qui finit sans doute par disparaître par suite des causes qui avaient déjà amené l'abolition des actions de la loi.

La juridiction du tribunal des centumvirs donnait à la pétition d'hérédité un caractère très-remarquable. En effet, on avait pensé que les causes assez importantes pour être réservées à la compétence exclusive de ce tribunal, ne devaient pas être jugées incidemment à propos d'une question subsidiaire, mais qu'elles devaient être tranchées dans leur ensemble pour le principal intéressé. Aussi, rien ne pût-il préjuger la pétition d'hérédité, et les autres tribunaux durent, en conséquence, suspendre leurs décisions jusqu'à ce que le tribunal des centumvirs se fût prononcé sur la grave question de la pétition d'hérédité, afin que cette dernière question arrivât intacte devant lui. A cet effet, toutes les fois que la solution d'une question pouvait avoir une influence sur le jugement à intervenir sur la pétition d'hérédité, on accordait au défendeur une exception qui lui permettait de faire renvoyer son affaire jusqu'à ce que la question d'hérédité eût été jugée. C'est cette exception que l'on a appelée l'exception *quod præjudicium hereditati non fiat :* son sens est indiqué soit directement, soit par analogie, dans les lois 5, § 2; 7, pr. et § 1; et 25 Dig., *De hered. pet.;* 13, Dig., *De except.;* 32, § 10, Dig., *De recept.;* et 1, § 1, Dig., *famil. ercisc.*, que je ne puis rapporter à cause de leur étendue. D'après les exemples qui y sont mentionnés, il est clair, comme le dit Merlin, qu'exciper dans un procès intenté par ou contre un héritier de l'exception *quod præjudicium hereditati non fiat,* c'est demander qu'il soit sursis à ce procès jusqu'à ce qu'il ait été statué sur la question de savoir si la partie qui y figure comme héritier en a réellement la qualité.

Dans le principe, cette exception se plaçait en tête de la formule de la manière suivante : « Titius judex esto ; ea res agatur quod præjudicium hereditati non fiat; si paret, etc. » C'est un des exemples les plus remarquables des prescriptions introduites en faveur du défendeur. Mais plus tard elle rentra dans la classe des exceptions ordinaires, et alors elle en prit le nom. Elle ne disparut point avec la juridiction centumvirale qui lui avait donné naissance; elle exista jusqu'à Justinien, qui, par la loi dernière au Code, *De pet. hæred.*, l'abolit complétement. L'empereur ne fit ainsi que mettre la loi en harmonie avec les mœurs nouvelles.

Toutefois, s'il est de principe que tout procès centumviral passe avant les autres, cela n'est vrai que des procès civils ; car une action criminelle passe toujours avant un procès civil, dût-il être centumviral. Ainsi, quand on attaque un testament comme faux, la pétition d'hérédité doit être suspendue jusqu'à ce qu'il ait été statué sur la validité du testament.

Le système formulaire disparut lui-même peu à peu : la distinction entre le *judex* et le *jus dicens* s'effaça; le plaideur porta directement sa demande devant celui qui devait la résoudre, et les *cognitiones extraordinariæ* devinrent la règle, au lieu d'être l'exception. Mais les principes restèrent les mêmes qu'à l'époque des grands jurisconsultes; les mêmes termes continuèrent d'être en usage, et bien des conséquences de l'ancienne procédure, incompréhensibles d'après l'organisation nouvelle, se maintinrent par l'autorité de la tradition.

CHAPITRE V.

DES EFFETS DE LA PÉTITION D'HÉRÉDITÉ OU DES CONDAMNATIONS QU'ELLE PEUT ENTRAINER.

On peut diviser en trois classes les droits de toute nature que les parties ont à faire valoir l'une contre l'autre, par suite du jugement rendu au profit du demandeur en pétition d'hérédité. La première comprend les restitutions à faire par le possesseur; la seconde, les prestations personnelles dues par le possesseur à l'héritier; et la troisième, les prestations personnelles de l'héritier envers le possesseur.

Il est difficile de déterminer l'étendue de ces différents droits dans l'ancienne législation romaine : tous les textes que nous possédons sur cette matière sont postérieurs à un sénatus-consulte rendu sur la proposition de l'empereur Adrien, et qui est rapporté presque en entier dans la loi 20, § 6, Dig., *De hœreditatis petitione*. Suivant les dispositions de ce sénatus-consulte, que l'on nomme indifféremment sénatus-consulte d'Adrien ou sénatus-consulte Juvention, du nom de l'un des consuls qui furent chargés de le présenter au sénat, l'étendue des droits de l'héritier contre le possesseur ne se règle pas d'après le droit de propriété, mais d'après la bonne ou la mauvaise foi du possesseur. Il importe donc de bien déterminer ce que l'on doit entendre par possesseur de bonne ou de mauvaise foi. Cette détermination est faite avec la plus grande précision par le sénatus-consulte lui-même.

Sont possesseurs de bonne foi, ceux qui se sont mis en possession des biens d'une hérédité qu'ils croyaient leur appartenir.

Sont possesseurs de mauvaise foi, ceux qui se sont mis en possession d'une hérédité, sachant parfaitement qu'elle ne leur appartenait pas.

On ne fait, en notre matière, aucune distinction entre la bonne foi qui consiste dans une erreur de droit et celle qui repose sur une erreur de fait : on exige uniquement la bonne foi, sans en examiner la cause. Mais il ne suffiraît pas que cette bonne foi existât au moment de la prise de possession des biens de l'hérédité : elle doit durer autant que la possession elle-même. A la différence de ce qui a lieu pour l'usucapion, les effets de la bonne foi en matière de pétition d'hérédité cessent au moment même où le possesseur apprend que l'hérédité ne lui appartient pas. C'est la décision que donne dans la loi 25, § 5, Dig., *De hæred. petit.*, Ulpien, qui suit en cela l'esprit plutôt que la lettre du sénatus-consulte.

Cette distinction fondamentale du sénatus-consulte Juventien constatée, je dois signaler son influence sur les trois classes de droits que j'ai dit pouvoir exister entre le demandeur et le défendeur en pétition d'hérédité, par suite du jugement qui prononce en faveur du premier.

Les règles qui suivent sont applicables quand il s'agit non-seulement d'une hérédité proprement dite, mais encore de toute autre universalité juridique.

SECTION I.

Des restitutions qui doivent être faites au demandeur.

Le défendeur qui succombe dans l'action en pétition d'hérédité doit être condamné à restituer tous les objets héréditaires, soit corporels, soit incorporels, qu'il possède. Et, sous le nom d'objets héréditaires, il ne faut pas seulement comprendre ceux dont la propriété appartenait au défunt, ou que l'hérédité jacente a pu acquérir dans certaines limites, par exemple, par l'intermédiaire des esclaves héréditaires, mais il faut encore comprendre sous cette expression les objets *quorum periculum ad hæredem pertinet*. Il est juste, en effet, puisque l'héritier est alors responsable des risques, qu'on lui rende l'objet afin qu'il veille lui-même à sa conservation. C'est ainsi qu'on doit lui restituer les choses que le *de cujus* détenait à titre de gage, de commodat ou de dépôt, de même que les objets qu'il était en voie d'usucaper, et pour la restitution desquels il aurait eu l'action Publicienne. Dans quelques-unes de ces hypothèses, l'héritier aurait une action réelle spéciale pour recouvrer l'objet que possédait le défunt; alors cette action se trouve comprise dans la pétition d'hérédité. Il n'aurait pas, au contraire, d'action réelle au cas de dépôt et de commodat, à moins que le contrat ne fût accompagné d'une clause de fiducie, et qu'en conséquence la propriété de l'objet fût transférée au dépositaire ou à l'emprunteur, avec stipulation qu'elle serait ultérieurement retransférée au déposant ou au prêteur. Mais la raison d'équité que nous avons indiquée plus haut subsistant toujours, on a néanmoins accordé dans ce cas la pétition d'hérédité.

Le défendeur condamné devra même restituer les objets que le défunt pouvait garder par droit de rétention, mais qu'il n'aurait pu recouvrer par voie d'action. Il restituera également les objets que le défunt possédait *pro hærede* ou *pro possessore* et dont, par conséquent, la possession le rendait passible lui-même de la pétition d'hérédité.

On considère comme choses héréditaires, non-seulement les choses qui existaient au temps de la mort du défunt, mais encore tout ce qui provient de ces choses; car tout ce qui est né ou est provenu de choses dépendant d'une hérédité accroît à cette hérédité, et en fait partie intégrante dès l'instant même de son existence. Ainsi les fruits et le part des femmes esclaves, qui n'est pas regardé comme fruit, sont choses héréditaires et doivent, en conséquence, être compris dans les restitutions à faire par celui qui succombe dans l'action en pétition d'hérédité. Les fruits doivent être restitués sans qu'il y ait lieu de considérer si l'héritier, en supposant qu'il eût possédé la succession, les eût ou non perçus.

La restitution comprendra aussi les choses achetées avec l'argent de l'hérédité, si leur achat présentait quelque utilité pour la succession. L'héritier pourra même exiger que le possesseur lui rende les choses qu'il a achetées de son argent personnel, si ces objets sont d'une grande utilité pour la succession : dans ce cas, il devra, bien entendu, être tenu compte du prix au possesseur. Quant aux choses que le possesseur aurait achetées avec l'argent héréditaire dans son propre intérêt, et non dans celui de l'hérédité, ce ne sont pas ces choses qu'il doit rendre, mais bien l'argent employé à leur achat.

Nous avons dit que le défendeur qui a succombé doit restituer les droits comme les objets héréditaires. C'est à ce titre que toutes les actions que pouvait avoir le défunt entrent dans la pétition d'hérédité : peu importe leur origine, et qu'elles soient nées d'un contrat, d'un quasi-contrat, d'un délit ou d'un quasi-délit. Le possesseur devra donc restituer l'action *venditi*, qui lui aurait permis d'obtenir le prix de l'objet héréditaire vendu ; l'action *pigneratitia directa*, servant à réclamer le gage donné par le défunt ; les actions *furti, legis Aquiliæ, vi bonorum raptorum* (nous ne mentionnons pas l'action d'injures, laquelle a un caractère de personnalité qui en empêche la transmission); les interdits exhibitoires et restitutoires, etc., etc. Les actions qui font partie de la pétition d'hérédité conservent le plus souvent leur nature, à moins que quelque circonstance particulière ne vienne y mettre obstacle. Par exemple, l'action de la loi *Aquilia* entraîne une condamnation au double *adversus inficiantem;* mais cette condamnation n'a d'autre but que de punir la négation du délit dont on demande la réparation : or, si au lieu de nier ce délit, le défendeur vient nier seulement la qualité d'héritier, qui seule permettrait à son adversaire d'exercer cette action, la punition n'a plus de base : la condamnation ne saurait donc s'élever au double. Concluons de cette explication que c'est à tort que Cujas a voulu voir là une conséquence du faux principe que l'action en pétition d'hérédité est une action de bonne foi. Le principe et la conséquence s'évanouissent devant ce que nous venons de dire. Mais nous ne trouvons point une semblable altération de la nature de l'action au cas où une action noxale est comprise dans la pétition d'hérédité. Si la condamnation qui suit une semblable action a été prononcée du vivant du défunt, lorsque l'héritier intentera contre le débiteur l'action en pétition d'hérédité, celui-ci ne pourra plus faire l'abandon noxal. En effet, dans cette action, l'abandon noxal n'est que *in facultate solutionis;* ce que l'on doit demander, c'est le montant principal de la condamnation, et l'action *judicati* intentée à ce sujet fixe la nature de cette condamnation et interdit à l'avenir toute possibilité d'abandon noxal. Or, le faux titre d'héritier que prend l'adversaire ne saurait lui permettre d'échapper à cette condamnation, et l'action en pétition d'hérédité tient lieu en conséquence de l'action *judicati*, qu'elle remplace.

Le demandeur en pétition d'hérédité ne peut pas évidemment se faire payer avant l'arrivée du terme ou l'accomplissement de la condition. Dans ce cas, le juge devra-t-il absoudre purement et simplement le défendeur, au risque de forcer le demandeur à intenter un nouveau procès lors de l'échéance du terme ou de l'accomplissement de la condition? Non, d'après Pomponius, Octavenus et Ulpien; mais il forcera le défendeur à donner caution au demandeur de payer à cette époque.

Celui qui possède *pro hærede* ou *pro possessore* une créance de la succession est tenu, par notre action, d'en céder l'exercice au demandeur, en le constituant *procurator in rem suam*. Mais s'il est ainsi tenu de céder ce qu'il possède de l'hérédité, il n'est pas tenu de céder ce qui lui est dû pour le tort qui lui a été fait personnellement. Par exemple, le possesseur qui a été expulsé par violence et n'a pas recouvré la possession de la chose est tenu de céder au demandeur l'interdit *unde vi*; mais ce qu'il cédera, c'est purement et simplement ce qu'on appellerait dans le droit français l'action en réintégrande; il ne cédera pas son droit à des dommages-intérêts, car ces dommages-intérêts, réparation de l'interruption apportée à la jouissance, ne peuvent être dus qu'au possesseur. De même, s'il avait actionné le détenteur, et que celui-ci, ne s'étant pas présenté devant le juge, lui eût payé la peine encourue pour ce fait et promise dans la caution *judicatum solvi*, cette peine, réparation d'un affront tout personnel, ne sera pas rendue au demandeur en pétition d'hérédité. Au contraire, on lui rendra la condamnation prononcée en vertu de la loi Aquilia, même portée au double *propter inficiationem*, quoiqu'il y ait ici une pénalité; parce que, dans cette pénalité, il n'y a rien de personnel au possesseur. Pareillement si, par suite d'un pacte commissoire ajouté à la vente d'une chose héréditaire, il avait été convenu que la vente serait résolue faute de payement du prix, et que le vendeur pourrait se faire rendre la chose tout en conservant la partie du prix déjà payée, le possesseur devrait, la clause pénale ayant été encourue, en restituer le bénéfice au demandeur.

D'après le jurisconsulte Paul, il faut excepter des droits héréditaires dont la possession expose à la pétition d'hérédité, les servitudes prédiales, attendu, dit-il, qu'elles ne sont pas susceptibles de restitution; c'est alors l'action confessoire de la servitude qui devrait être intentée. Mais si le motif donné par ce jurisconsulte était admissible, l'action confessoire serait elle-même impossible, puisqu'elle aboutit pareillement à une restitution, au moins par la caution que donne le défendeur de souffrir la servitude. Dès lors on ne comprend pas pourquoi, si le défendeur possède la servitude *pro hærede* ou *pro possessore,* on ne pourrait pas intenter contre lui la pétition d'hérédité, pour aboutir à un semblable résultat.

Enfin, disons, pour terminer ce qui est relatif aux restitutions à faire qui entrent dans l'action en pétition d'hérédité, que ce que le possesseur aura obtenu par l'intermédiaire d'un esclave héréditaire devra être rendu au demandeur. Ainsi un esclave est institué héritier; il fait par ordre du possesseur adition d'hérédité; ou bien il reçoit un legs, ou encore il stipule d'un tiers : ce qui est acquis ainsi l'est pour le compte de l'hérédité, à moins toutefois que le testateur n'ait eu pour but d'avantager indirectement le possesseur, auquel cas le profit de l'institution d'héritier ou du legs lui étant personnel devrait lui demeurer acquis.

Dans les différents cas que nous venons de citer, nous avons supposé que le possesseur n'était pas héritier, et, par conséquent, n'était pas propriétaire des esclaves héréditaires. Il est donc tout naturel qu'il n'ait pas pu acquérir par le moyen des esclaves de l'hérédité, puisque ceux-ci n'acquièrent que pour leur maître qui, dans cette hypothèse, est le véritable héritier. Mais il peut se faire aussi que les choses aient été véritablement acquises au possesseur par l'intermédiaire des esclaves de l'hérédité. Paul en cite deux exemples : le premier, lorsque le patron demande l'hérédité de son affranchi à un héritier institué contre lequel il réclame la possession de biens que le préteur accordait en pareille circonstance ; le second, dans le cas de la plainte d'inofficiosité. Dans ces deux cas, en effet, l'héritier institué contre lequel la pétition d'hérédité est intentée, est, tant que le testament reçoit son effet, non pas simplement héritier apparent, mais bien héritier réel, et, par conséquent, véritable maître des esclaves héréditaires : il a donc pu acquérir pour lui-même par ces esclaves tant que la sentence n'était pas rendue.

L'obligation de restituer s'étend à toutes les choses que le défendeur possède au moment de la sentence, et non pas seulement à celles qu'il possédait au moment de la *litis contestatio*. De même, si le défendeur ne possédait aucun objet de la succession au moment où le procès a commencé, mais qu'il ait acquis la possession de choses héréditaires dans l'intervalle qui s'écoule entre la *litis contestatio* et la condamnation, il devra encore être condamné à restituer ces choses. Cette décision, qui, est posée dans la loi 18, § 1, Dig., *De hæreditatis petitione,* et qui est en parfaite harmonie avec la loi 4 du même titre, la loi 27, § 1, Dig., *De rei vindicatione* et la loi 7, § 4, Dig., *Ad exhibendum,* paraît au contraire en contradiction avec la loi 23, Dig., *De judiciis*; mais cette contradiction n'est qu'apparente. Dans la pétition d'hérédité, comme dans la revendication, il y a pour le juge deux questions à examiner: 1° le demandeur est-il héritier? 2° le défendeur est-il possesseur, soit d'une chose, soit d'un droit héréditaire? Le droit d'hérédité dans la personne du demandeur, voilà la condition principale de l'action; mais le fait de la possession dans la personne du défendeur est une condition indispensable pour que la condamnation s'ensuive. A quelle époque l'existence de ces deux conditions est-elle exigée?

Pour la première condition, il faut que le droit d'hérédité existe dans la personne du demandeur au moment de la *litis contestatio*; autrement, le demandeur se trouverait avoir déduit *in judicium* un droit qu'il n'avait pas. Si ce droit, qui n'existait pas au moment de la *litis contestatio*, prend naissance en faveur du demandeur pendant l'instance, le juge n'a point à s'en occuper. En tenir compte au demandeur ne serait pas rationnel ; ce serait lui procurer un avantage qu'il n'aurait pas eu si le jugement eût été rendu au moment de la *litis contestatio*. Cette décision n'a, du reste, rien d'injuste à son égard : il pourra renouveler son action sans craindre l'exception *rei judicatæ ;* on lui refuse seulement un avantage auquel il n'a aucun droit. C'est ainsi qu'il faut entendre la loi 23, *De judiciis :* « Non potest videri in judicium venisse « id quod post judicium acceptum accidisset ; ideoque « alia interpellatione opus est. » Ce qui veut dire : les droits survenus depuis l'instance engagée ne peuvent être considérés comme compris dans cette instance, comme soumis au juge ; il faudra une nouvelle action pour les faire valoir. Cette règle, posée ainsi d'une manière générale, est appliquée d'une façon spéciale par Javolenus dans la loi 35, *De judiciis :* Si l'obligation d'un fidéjusseur, dit-il, peut être en suspens, et même porter sur l'avenir, il en est autrement d'une instance judiciaire ; elle ne peut être en suspens, ni comprendre des choses qui doivent entrer plus tard dans l'obligation. Il ne s'agit dans ces deux lois que du droit nouvellement survenu au demandeur, droit que celui-ci ne peut être réputé avoir soumis au juge, puisqu'il ne l'avait pas lors de la *litis contestatio*.

Quant à la seconde condition, le fait de la possession dans la personne du défendeur, il n'est pas nécessaire qu'elle existe au moment de la *litis contestatio*, ainsi qu'on l'exige pour le droit du demandeur. Il suffit qu'elle existe au moment de la sentence. Cette décision, donnée par les jurisconsultes Paul, Ulpien et Gaïus, est parfaitement rationelle : ce n'est point pour se faire attribuer la propriété de tel ou tel objet que le demandeur a engagé son action ; la question est celle-ci : l'hérédité de Titius m'appartient-elle ? Du moment où il est jugé qu'elle m'appartient, vous devez me restituer ce qu'il est en votre pouvoir de me restituer. On ne peut opposer à cette décision les lois des art. 23 et 35, *De judiciis,* que nous

avons citées plus haut. Ces lois, comme nous l'avons vu,
ne s'appliquent qu'au droit du demandeur; et la raison
de distinguer entre les deux hypothèses est bien sensible.
En effet, lorsque le droit du demandeur vient à se produire dans le cours de l'instance, si le juge en tenait
compte lors de la sentence, il ne laisserait pas au défendeur le temps nécessaire pour combattre ce droit nouveau qui surgit tout à coup; le défendeur n'aurait pour
fournir ses contradictions qu'une partie du temps auquel
il a droit. D'ailleurs, si le défendeur eût connu ce droit
nouveau, peut-être n'eût-il pas résisté, et eût-il ainsi
évité les frais du procès. Lors, au contraire, qu'il s'agit
de la possession du défendeur, l'existence ou la non-
existence de ce fait au moment de la *litis contestatio*
n'influe en rien sur la question de droit. Le défendeur a
commencé à nier le droit d'hérédité du demandeur,
alors qu'il savait sur quoi il était basé; il a eu tout
le temps nécessaire pour combattre les prétentions
de son adversaire. Le rapport de fait qui n'existait pas
entre le demandeur et le défendeur lors de la *litis contestatio*, mais qui se trouve exister au moment du jugement,
n'empêche pas de donner au procès actuel une solution
satisfaisante : le renvoi à une nouvelle instance ne ferait
que tirer inutilement l'affaire en longueur. Remarquons
enfin que, dans la rédaction de la formule, l'*intentio*
ne disant rien du rapport de fait existant entre les deux
parties, l'absence de ce rapport au moment de la *litis
contestatio* n'empêche pas l'action d'être fondée et d'a-
mener une condamnation. D'un autre côté, l'espèce de
droit, auquel prétend le demandeur, est spécifiée dès le
même moment dans l'*intentio*, tandis que le montant de

la *condemnatio* reste indéterminé, et ne se trouve fixé que par le juge et à l'époque de la sentence; rien ne s'oppose donc à ce que le procès aboutisse à la condamnation du défendeur.

Il existe, au point de vue de la restitution des choses héréditaires, des différences importantes entre le possesseur de bonne foi et le possesseur de mauvaise foi. Nous devons les signaler.

Première différencee. — Le possesseur de bonne foi n'est point tenu de la restitution des objets qu'il a négligé de posséder ou dont il a perdu la possession, soit en les aliénant, soit autrement : car il peut licitement disposer de ce qu'il croit lui appartenir. Toutefois, s'il en a tiré quelque profit, il devra des prestations personnelles dont nous parlerons plus tard.

Le possesseur de mauvaise foi, au contraire, est tenu de restituer les choses qu'il a cessé ou négligé de posséder, absolument comme s'il les possédait encore. Ainsi, il a aliéné des effets de la succession, ou bien il a refusé de recevoir une chose prêtée par le défunt, que le commodataire s'offrait à lui rendre. S'il ne restitue pas, il sera condamné à payer une somme fixée par le serment de son adversaire.

Deuxième différence. — Le possesseur de bonne foi qui a aliéné des objets héréditaires ne doit que le prix dont il s'est enrichi. Si, au contraire, l'aliénation émane d'un possesseur de mauvaise foi, l'héritier peut poursuivre ce *prædo* et le faire condamner comme s'il possédait encore. Il peut aussi revendiquer les objets contre le tiers détenteur : par ce moyen, il se fera peut-être restituer plus facilement les objets eux-mêmes.

Le principe que le possesseur de mauvaise foi est tenu de l'obligation de restituer, comme s'il les possédait, les choses que, par le dol, il a cessé ou manqué de posséder, a été introduit dans le but de favoriser l'héritier. On ne doit donc pas le retourner contre lui. Aussi l'héritier peut-il y renoncer quand il a intérêt à n'en pas demander l'application; par exemple, lorsqu'il trouve plus d'avantage à se faire rendre compte par le possesseur de mauvaise foi du prix de la vente qu'il a faite d'une chose de l'hérédité qu'à le faire regarder comme s'il ne l'avait pas vendue. En effet, le *prœdo* ne doit pas avoir une position plus favorable que celle que la loi fait au possesseur de bonne foi.

Ce principe n'est pas non plus applicable lorsque le possesseur de mauvaise foi a aliéné dans l'intérêt de l'hérédité. Ce possesseur ne doit compte que du prix; car, dans ce cas, on ne peut pas dire qu'il ait cessé de posséder par dol.

Troisième différence. — Quoique la *litis contestatio* semble devoir placer le possesseur de bonne foi sur la même ligne que le possesseur de mauvaise foi, il existe cependant entre eux une différence relative à la responsabilité des cas fortuits.

Le possesseur de bonne foi ne doit être soumis à aucune responsabilité, s'il établit que les choses héréditaires qu'il ne peut représenter ont été détruites par cas fortuit. On ne saurait, en effet, lui faire un crime de sa résistance : ce serait le placer dans l'alternative, ou d'abandonner sans défense ce qu'il regarde comme son droit, ou de s'exposer à répondre des cas fortuits qui peuvent détruire ou détériorer les choses de l'hérédité pendant le temps qui sépare la *litis contestatio* du jugement. Averti par la demande formée contre lui que l'hérédité peut être déclarée appartenir à son adversaire, le possesseur de bonne foi doit veiller sur toutes les choses qui en dépendent comme sur le bien d'autrui : toute perte qui lui est imputable l'oblige à indemniser l'héritier des dommages qu'il lui cause ; mais il n'est soumis à aucune responsabilité lorsqu'il établit que les choses héréditaires qu'il ne peut représenter ont été détruites par cas fortuit.

Au contraire, le possesseur de mauvaise foi est, en principe, responsable de toutes pertes ou détériorations survenues aux biens héréditaires depuis la *litis contestatio*. Il a été mis en demeure : sa résistance est injuste, et il le savait. Il n'a donc aucun motif de se plaindre de la rigueur dont on use à son égard. Il ne sera même pas toujours libéré en prouvant que les pertes ou détériorations seraient également arrivées par cas fortuit chez le demandeur ; celui-ci peut, en effet, établir que, si les choses lui eussent été remises en temps opportun, il les aurait probablement vendues et profiterait du prix.

SECTION II.

*Des prestations personnelles dues par le
possesseur à l'héritier.*

Tout n'est pas accompli dans un procès en pétition d'hérédité lorsque le défendeur a restitué à son adversaire les choses dépendant de l'hérédité qu'il a en sa possession : le fait même de la possession des biens héréditaires pendant un certain temps engendre néces-

sairement une série d'actes qui peuvent constituer soit un profit pour le possesseur, soit une perte pour l'hérédité. De là naissent des obligations plus ou moins étendues suivant la bonne ou la mauvaise foi du possesseur : elles sont qualifiées au Digeste de prestations personnelles. « Ces prestations personnelles, dit Pothier, con-
« sistent dans le compte que le possesseur doit rendre
« de ce qu'il a reçu des débiteurs de la succession, du
« prix de la vente des effets de la succession, des fruits
« qu'il a perçus, et, lorsque le possesseur est de mau-
« vaise foi, même de ceux qu'il a pu percevoir, et géné-
« ralement de tous les profits qu'il a retirés des biens
« de la succession ; comme aussi, lorsque le possesseur
« est de mauvaise foi, il doit rendre compte des dégra-
« dations et des détériorations qui ont été faites, par son
« fait ou sa faute, dans les biens de la succession. »

Une règle générale, et qui ne souffre pas d'exception, est que le possesseur de bonne ou de mauvaise foi ne peut retenir aucun profit, quel qu'il soit, qu'il ait retiré des biens de l'hérédité.

Le possesseur de bonne ou de mauvaise foi ne pourrait se dispenser de faire la restitution des profits qui lui proviennent des choses héréditaires, quand même il prouverait avec évidence que ces profits sont dus à sa vigilance et à son industrie, ou que l'héritier ne les eût certainement pas faits. Ainsi, s'il a vendu des biens de la succession qui ont péri par cas fortuit quelque temps après la vente, lors même qu'il serait certain que l'héritier, s'il les eût eus en sa possession, ne les eût point aliénés, il doit cependant tenir compte à l'héritier du profit qu'il en a tiré. Peu importe la cause des profits ; ils doivent toujours être restitués, excepté pourtant lorsqu'ils ont été acquis en vertu d'une condamnation que le défendeur avait seul le droit d'obtenir. L'origine illicite ou déshonnête du profit ne dispense pas de l'obligation d'en rendre compte à l'héritier.

La rigueur avec laquelle on applique la règle que le possesseur ne peut retenir aucun des profits qu'il a retirés des choses de l'hérédité, apparaît clairement dans la décision suivante. Le possesseur de bonne foi a vendu une chose héréditaire à un prix très-avantageux et l'a ensuite rachetée à un prix très-inférieur : on demande s'il sera libéré en rendant la chose *in specie*, ou bien s'il devra rendre, outre la chose, le profit résultant de la différence des prix de vente et de rachat. Le jurisconsulte Paul décide, en s'appuyant sur le discours d'Adrien au Sénat, qu'il doit rendre et la chose et la différence des prix.

On ne tient pas compte de la bonne ou de la mauvaise foi du possesseur en matière de prestations personnelles, lorsqu'il s'agit simplement de ne retenir aucun profit provenant des choses héréditaires ; mais cette distinction a une très-grande importance lorsque l'hérédité est en perte par le fait du possesseur. Celui qui, sciemment, possède les biens d'une hérédité qui ne lui appartient pas, contracte l'obligation de les rendre, et, par suite, de les conserver en bon état : toute perte arrivée par sa faute l'assujettit à indemniser l'héritier. Au contraire, celui qui jouit de bonne foi des biens d'une hérédité qu'il croit lui appartenir, ne contracte pas d'obligation de cette nature : il n'est tenu que comme détenteur ; du moment où il ne possède plus rien de l'hérédité, on ne peut l'actionner. De là résultent les différences suivantes entre les possesseurs de bonne foi et ceux de mauvaise foi relativement aux prestations personnelles auxquelles ils sont tous deux sujets.

Première différence. — Le possesseur de bonne foi ne doit rendre les gains qu'il a tirés de la succession que jusqu'à concurrence de ce dont il s'est enrichi. Le sénatus-consulte Juventien est formel à cet égard. En effet, se croyant héritier, il n'y a aucune faute de sa part à avoir disposé de choses dont il pensait être le maître.

Le possesseur de mauvaise foi, au contraire, doit rendre compte de tous les profits qu'il peut avoir faits, quand même il les aurait depuis dissipés ; car il savait que la succession ne lui appartenait pas, et qu'un jour ou l'autre il devrait la restituer à l'héritier.

Le possesseur de bonne foi, sans avoir tiré un profit appréciable des biens de l'hérédité, peut cependant en avoir retiré quelque avantage. Ainsi, s'il a donné quelques-uns de ces biens, est-il tenu envers l'héritier? On pourrait croire qu'il profite des biens donnés puisque les donataires sont naturellement obligés envers lui ; mais Ulpien déclare que ce possesseur n'est tenu envers l'héritier qu'autant qu'il a reçu quelque chose en retour : la simple éventualité de gratification ne suffit pas.

Le possesseur de mauvaise foi devrait restituer, comme nous l'avons vu, les objets donnés.

Si l'héritier apparent de bonne foi, en vue de la succession qu'il a cru lui appartenir, a augmenté ses dépenses ordinaires sans toutefois rien prendre sur les biens héréditaires, il ne pourra faire des réclamations à ce sujet à l'héritier véritable, eût-il même dans ce but emprunté de l'argent. Mais si, au contraire, depuis qu'il s'est mis en possession des biens de la succession, il a eu soin de ne prendre ses dépenses que sur les biens de l'hérédité, n'aura-t-il rien à restituer ? Il est devenu plus riche de tout ce qu'il avait habitude d'affecter à ses dépenses journalières. Aussi Ulpien décide-t-il que l'hérédité ne devra supporter que l'augmentation de dépenses qu'il a faites en vue de la succession qu'il croyait lui être déférée, laissant à la charge du possesseur les dépenses qu'il avait l'habitude de faire et qu'il aurait faites quand bien même il n'eût pas été héritier.

Le principe que le possesseur de bonne foi n'est tenu que jusqu'à concurrence de ce dont il s'est enrichi ne doit pas être étendu outre mesure. Ainsi, une personne qui se croyait héritière pour le tout, mais qui n'a en réalité droit qu'à la moitié de la succession, a dissipé, sans en tirer aucun profit, la moitié de cette hérédité. Faut-il dire qu'elle ne doit rien restituer, en la considérant comme ayant dissipé seulement la part de ses cohéritiers ? En effet, si elle n'eût pas été héritière, elle n'eût eu rien à restituer de cette moitié qu'elle a dissipée, puisqu'elle était de bonne foi. Ou bien doit-on la considérer comme ayant dissipé sa propre part et la condamner à restituer la moitié qui subsiste de la succession ? Ulpien adopte une troisième opinion et décide que l'héritier apparent ne doit rendre que la moitié de ce qui reste, la perte devant être imputée sur les deux parts de la succession.

Le possesseur qui s'est fait payer par les débiteurs de la succession est tenu de restituer ce qu'il a reçu en payement. S'il est de mauvaise foi, il doit rendre sans distinction tout ce qu'il a reçu ; s'il est de bonne foi, il n'est obligé de rendre que ce qu'il a conservé et qui l'enrichirait aux dépens de l'héritier.

Le possesseur de bonne foi, qui a vendu des choses héréditaires et en a touché le prix, ne doit que ce prix, quand même il serait inférieur à la valeur de la chose. Que s'il n'a point gardé ce prix et a acheté plus tard avec cet argent un nouvel objet, ce nouvel objet n'entrera pas dans la pétition d'hérédité; jamais il ne fut héréditaire : mais s'il est de moindre valeur que la somme qu'il a coûté, le possesseur ne devra que cette dernière valeur en argent. Quant au possesseur de mauvaise foi, aucune restriction semblable n'est apportée à ses obligations : il doit toujours, quoi qu'i l arrive plus tard, la valeur de l'objet qu'il a vendu. Que si avec l'argent héréditaire le possesseur a acheté un objet quelconque, s'il est de bonne foi, il n'est tenu que de ce dont il s'est enrichi ; s'il est au contraire de mauvaise foi, il devra toujours restituer la somme que l'objet acheté lui a coûtée.

Ainsi, en règle générale, le possesseur de bonne foi n'est obligé envers l'héritier que jusqu'à concurrence de ce dont il se trouve plus riche par le fait de la possession des biens de l'hérédité. Reste à préciser l'époque à laquelle il faut se reporter pour examiner si le possesseur s'est enrichi.

Cette quest n ne s'élève pas seulement en matière de pétition d'hérédité. C'est ainsi que dans les actions pénales, l'action elle-même ne peut être donnée contre les héritiers du coupable ; mais cependant on peut poursuivre ces derniers *quatenus locupletiores facti sunt*. Notre question a sans aucun doute donné lieu à des controverses chez les jurisconsultes romains, et, en ce qui concerne

l'action *quod r rtus causa,* par exemple, nous trouvons
trois systèmes bien tranchés : le premier, qui est d'Ulpien,
consiste à ne considérer que le moment de la litiscontes-
tation. Peu importe que l'héritier soit devenu plus riche
à tel moment donné qui a précédé celui-là ; il ne restituera
que le gain qui lui restait au moment de la *litis contestatio.*
Dans un sens tout à fait opposé, nous trouvons Paul, dont
l'opinion est reproduite dans la loi 127, Dig., *De regulis
juris,* qui veut que l'héritier soit tenu, du moment qu'à
une époque quelconque il a tiré profit du délit, quand
même plus tard ce profit se serait échappé de ses mains.
Enfin, entre ces deux avis opposés, nous en trouvons un
troisième intermédiaire de Julien. L'héritier, même ayant
profité du délit, ne sera plus tenu, suivant ce jurisconsulte, dès que ce qui constituait son profit aura péri ; mais,
du moment que son profit, au lieu de consister dans des
corps certains, se sera transformé en argent, l'héritier
sera tenu de cette somme *in perpetuum,* car les genres ne
périssent pas ; et, si l'on était obligé de prouver contre lui
que le profit subsiste encore, la confusion de l'argent qu'il
aurait reçu de ce chef avec celui qui· se trouvait dans sa
caisse, rendrait cette preuve trop difficile. La même controverse a-t-elle existé dans le cas de pétition d'hérédité ?
Les mêmes motifs de l'élever semblent subsister. Cependant elle n'y a pas laissé autant de traces dans les textes
du Digeste sur la pétition d'hérédité. L'opinion mixte de
Julien ne s'y retrouve plus ; celle d'Ulpien, au contraire,
y est reproduite. Enfin Paul dit bien encore son mot sur
la question, mais il semble abandonner son opinion pour
suivre l'extrême contraire, et il paraît enseigner que le
profit doit subsister encore au moment de la sentence.

Cependant la loi 127, Dig., *De regulis juris*, où nous l'avons vu professer une doctrine contraire, est tirée de la partie de son ouvrage qui traitait de la pétition d'hérédité. Il faut croire que sans doute il établissait là un parallèle entre la pétition d'hérédité et l'action *quod metus causa*, pour en faire ressortir toutes les différences. Néanmoins, on s'explique peu les motifs de cette diversité de décisions dans les deux cas. Au fond, Ulpien nous paraît avoir seul raison : le possesseur ne doit point compte de sa conduite quand il est de bonne foi. Il a agi comme propriétaire, et personne n'a le droit de se plaindre de ses négligences : il était libre de perdre son gain. Après la *litis contestatio* il n'en peut plus être de même; désormais il doit des soins à l'objet qu'il détient, parce qu'il sait que cet objet peut lui être enlevé. A partir de cette époque il devra compte même du gain qu'il aura omis de faire : cependant il ne sera pas responsable des pertes résultant de cas fortuits. C'est sans doute par suite de cette dernière circonstance que Paul se reporte à l'époque de la sentence dans la loi 36, § 4, Dig., *De petitione hereditatis;* mais pourtant il n'y a là que l'application d'une règle tout autre, et la véritable doctrine est celle exposée par Ulpien.

Deuxième différence. — Les fruits doivent être restitués s'ils existent encore, qu'ils aient été perçus par un possesseur de bonne foi ou par un possesseur de mauvaise foi, car *fructus augent hereditatem.* Mais s'ils ont été aliénés par un possesseur de bonne foi, celui-ci devra restituer, non pas le bénéfice qu'il en a tiré, mais ce qui subsiste de ce bénéfice au moment de la *litis contestatio.* Au contraire, le possesseur de mauvaise foi, obligé de rendre les fruits eux-mêmes, sera condamné sur le serment de son adversaire, s'il est dans l'impossibilité d'opérer cette restitution.

Le possesseur de bonne foi doit compte de tous les fruits dont il se trouve enrichi, quand même l'héritier moins diligent que lui eût été incapable de les faire produire aux biens héréditaires; mais il n'est pas responsable de sa négligence ou de sa mauvaise administration. Le possesseur de mauvaise foi doit compte même des fruits qu'il a négligé de percevoir; et, d'après ce que rapporte Paul, nous voyons que, dans le droit des Pandectes, il devait le double de leur valeur.

Troisième différence. — Le possesseur de bonne foi est dispensé de payer l'intérêt des sommes qu'il a touchées pour l'hérédité et qu'il a employées à son usage personnel. C'est seulement quand il a placé des sommes de la succession, dont il a touché postérieurement le capital et les intérêts, qu'il doit restituer à l'héritier tout le profit retiré au moment de la *litis contestatio.* Si, au contraire, la somme prêtée est encore entre les mains du débiteur, et si les intérêts n'ont pas été payés, le possesseur de bonne foi doit seulement céder ses actions à l'héritier, afin que celui-ci puisse poursuivre le débiteur à ses risques et périls. Le demandeur ne peut avoir le choix, comme le pensait Julien, de demander soit le capital sans les intérêts, soit les intérêts seulement en prenant sur lui, dans ce dernier cas, les risques de la solvabilité du débiteur. Ainsi que le fait remarquer le jurisconsulte Paul, ce choix est impossible lorsque le possesseur est de bonne foi; car ce possesseur n'est tenu que de ce dont il s'est enrichi, et, comme le débiteur peut être devenu insolvable, il en résulte que tant qu'il n'a rien touché, il ne s'est enrichi que de la *condictio certi,* qu'il a contre le débiteur; il n'a donc que cette action à céder.

Quant au possesseur de mauvaise foi, s'il a employé à ses propres affaires les sommes appartenant à la succession, il doit restituer le principal et les intérêts; il est pareillement comptable de l'intérêt des sommes qu'il a retirées non-seulement en vendant les choses héréditaires, mais encore en vendant leurs fruits. Toutefois, les intérêts des fruits ne sont pas dus après la *litis contestatio.* Le possesseur même de mauvaise foi ne doit pas l'intérêt de l'argent qu'il a trouvé en réserve dans la succession, s'il ne l'a pas employé : c'est l'opinion de Papinien, rapportée par Ulpien.

Quatrième différence. — Le possesseur de bonne foi, qui avait juste raison de se croire héritier, n'est pas tenu des dégradations qu'il a fait subir à l'hérédité par son fait ou par sa faute, à moins qu'il n'en ait tiré quelque profit. Le possesseur de mauvaise foi, au contraire, doit indemniser l'héritier de toutes les pertes arrivées par sa faute ou par sa négligence, et même de celles qui seraient arrivées par cas fortuit.

A partir de la *litis contestatio,* le possesseur de bonne foi étant assimilé au *prædo* est tenu de toutes les dégradations qui proviendraient de son fait ou de sa faute, mais non, comme nous l'avons vu, de celles qui surviendraient par cas fortuit.

On pourrait croire que le possesseur de mauvaise foi est responsable de n'avoir pas poursuivi les débiteurs de la succession qui sont devenus insolvables ou se sont libérés par prescription. Cependant Ulpien décide qu'il n'est pas responsable, parce qu'il n'avait pas d'action contre eux, et ne pouvait en conséquence les contraindre à payer. Pothier pense avec raison que cette décision doit être restreinte au cas où le possesseur de mauvaise foi ne connaissait pas l'héritier; car, s'il le connaissait, il devait lui remettre l'hérédité, et le mettre ainsi en position d'exiger le payement; il doit par conséquent l'indemniser du préjudice qu'il lui cause.

SECTION III.

Des prestations personnelles dues par l'héritier au possesseur.

L'héritier peut être tenu, ainsi que nous l'avons dit au commencement de ce chapitre, à certaines prestations personnelles envers le possesseur. Celui-ci peut, en effet, avoir désintéressé les créanciers de la succession, fait des dépenses pour ensemencer les biens, pour récolter les fruits, fait des améliorations, etc. Dans ces divers cas, il y a lieu à des prestations personnelles de la part de l'héritier; mais son obligation varie suivant qu'il doit compte à un possesseur de bonne foi ou à un possesseur de mauvaise foi. En ce qui concerne le possesseur de mauvaise foi, on applique seulement la grande règle d'équité que personne ne doit s'enrichir injustement aux dépens d'autrui : l'héritier doit l'indemniser de toutes les dépenses faites pour l'hérédité dans la limite du profit qu'il en retire réellement. Mais à l'égard du possesseur de bonne foi, la règle est beaucoup plus large : elle est un simple corollaire du principe général du sénatus-consulte Juvention, que le possesseur de bonne foi n'est tenu envers l'héritier que jusqu'à concurrence de ce dont il se trouve plus riche des biens héréditaires : ce possesseur doit être rendu indemne de toutes les dépenses qu'il a faites pour l'hérédité, sans distinction entre celles qui ont procuré un profit et celles qui n'ont été d'aucune utilité.

Cette diversité de principe pour le règlement des prestations personnelles dues par l'héritier donne lieu à plusieurs différences, selon que le possesseur est de bonne ou de mauvaise foi.

Première différence. — Un possesseur de bonne foi a désintéressé un créancier héréditaire. En faisant ce payement, il a entendu se libérer lui-même ; la créance continue donc de subsister, et le créancier pourra de nouveau réclamer le montant de la dette à l'héritier véritable qui est maintenant connu. Est-ce que le possesseur ne pourra pas faire déduire du montant du compte qu'il doit à l'héritier la somme qu'il a payée au créancier? Il le pourra, dit Ulpien, en cédant au demandeur la *condictio indebiti* par laquelle il pourrait réclamer la somme qu'il a payée, car il ne s'est enrichi que de cette action. L'héritier aura l'exception de dol pour repousser une nouvelle demande de la part du créancier.

Dans la même hypothèse, le possesseur de mauvaise foi pourrait aussi faire porter en compte la somme qu'il aurait payée ; mais il serait obligé de donner caution à l'héritier de venir le défendre contre l'action du créancier. Quel peut être l'intérêt de cette caution, puisque l'héritier a déjà l'exception de dol pour repousser le créancier? Outre qu'il est plus commode de se faire défendre par un autre que de se défendre soi-même, il peut arriver que l'exception de dol ne soit pas possible. Supposons, par exemple, que le payement ait été fait à un pupille non autorisé qui n'a pas profité de cette somme, l'héritier aurait ici grand intérêt à s'être fait donner caution, puisqu'il n'aurait aucun moyen de repousser une seconde réclamation du pupille.

Mais le possesseur, même de bonne foi, ne pourrait se faire tenir compte du payement qu'il aurait fait, par erreur, d'une dette non existante, bien qu'il se trouve par là en perte à propos de l'hérédité : il n'aurait pas dû commettre une telle erreur.

Si des legs ont été payés, en vertu d'un testament reconnu plus tard non valable, avant que le procès ne fût entamé et lorsque l'héritier institué n'avait aucun sujet de croire que l'hérédité lui serait contestée (car s'il a payé les legs depuis ce moment, il aurait dû se faire donner caution pour la restitution des legs en cas d'éviction de l'hérédité, et il serait en faute de ne pas l'avoir fait), le possesseur de bonne foi pourra faire imputer sur le compte de ce qu'il doit à l'héritier les sommes employées au payement des legs, en cédant, bien entendu, à l'héritier, la *condictio indebiti,* qu'il a pour réclamer les legs indûment payés ; car, pensant que le testament était valable, il ne s'est pas fait donner caution que les legs lui seraient restitués s'il venait à être évincé de la succession. Si donc il était obligé de rendre à l'héritier les sommes payées aux légataires, qui peut-être sont devenus insolvables, il pourrait se trouver en perte contrairement à la disposition du sénatus-consulte Juventien. Le possesseur de mauvaise foi, au contraire, devra restituer les sommes qu'il a employées à l'acquittement des legs, et poursuivre les légataires à ses risques et périls.

Le possesseur pourrait-il retenir les sommes qui lui seraient dues par l'hérédité? Il le peut, s'il est de bonne foi ; mais il ne pourra retenir ce qui lui est dû, s'il est de mauvaise foi. Cette distinction présente une grande importance, lorsque la créance est naturelle et par suite privée d'action. Toutefois, le demandeur pourrait forcer le possesseur de mauvaise foi à retenir le montant de la dette et à la considérer comme éteinte, s'il y avait pour lui-même avantage à ce qu'il en fût ainsi : par exemple, si la dette était productive d'intérêts, ou si le gage qui la garantissait devait appartenir au créancier faute de payement, ou encore, lorsqu'à défaut de payement dans un certain délai, une clause pénale devait être encourue.

Deuxième différence. — Le possesseur de mauvaise foi comme le possesseur de bonne foi peuvent se faire tenir compte des dépenses qu'ils ont faites, soit pour ensemencer les biens, soit pour recueillir les fruits. Mais le possesseur de bonne foi a droit au remboursement de ces dépenses lors même qu'il n'y aurait pas eu de fruits, tandis que le possesseur de mauvaise foi n'a le même droit que lorsque la récolte a réussi.

Troisième différence. — Le possesseur de bonne foi peut déduire des restitutions qu'il est obligé de faire toutes ses dépenses, même les dépenses voluptuaires; il ne doit, en effet, restituer que le profit qu'il retire de l'hérédité: or, ce profit est diminué par les dépenses dont elle a été l'occasion.

Il en est ainsi au cas où le possesseur de bonne foi, pour satisfaire à l'ordre donné par le *de cujus*, dans son testament, lui a élevé un tombeau; quoique cet ordre tombe avec le testament, le prince ou le pontife aurait néanmoins forcé l'héritier *ab intestat* de l'exécuter. De même, à plus forte raison, les dépenses que l'héritier apparent a faites pour l'héritier véritable pourront être imputées sur les restitutions qu'il devra opérer.

Quant au possesseur de mauvaise foi, il pourra réclamer les dépenses nécessaires qu'il aurait évité à l'héritier de débourser. Pour les dépenses utiles, on peut dire qu'il a renoncé à les réclamer, en les faisant à propos d'une chose qu'il savait ne pas lui appartenir ; mais le jurisconsulte Paul trouve ce résultat trop rigoureux, et il permet à ce possesseur de les réclamer jusqu'à concurrence de la plus value actuelle, parce que l'héritier ne doit pas s'enrichir de l'argent d'autrui. L'héritier ne doit toutefois la plus value que lorsque l'augmentation de la valeur de la chose est inférieure à la dépense ; mais si la dépense était inférieure à la plus value, l'héritier ne devrait que la dépense, puisque le possesseur serait ainsi rendu indemne. Il pourrait se faire que le possesseur eût fait des dépenses utiles, mais que cependant l'héritier fût hors d'état de les rembourser. Dans ce cas, on sacrifierait sans nul doute à l'héritier le possesseur qui est de mauvaise foi, si l'héritier avait un intérêt légitime à conserver l'objet : le possesseur ne pourrait qu'enlever ce qui lui appartient, à la condition toutefois de ne rien dégrader ; l'héritier pourra même garder ce qu'il est possible d'enlever dans ces conditions, s'il peut en payer la valeur. Mais si l'héritier avait l'intention de vendre la chose, rien ne pourrait le dispenser du remboursement de la dépense. Enfin, quant aux dépenses voluptuaires, le possesseur de mauvaise foi ne peut les réclamer; car il pourrait ainsi par malice mettre à la charge de l'héritier des dépenses que celui-ci ne pourrait payer ; et d'ailleurs, dans ce cas, la plus value est nulle : seulement, le possesseur pourra enlever tout ce qui est susceptible de l'être sans dégrader la chose héréditaire. Toutefois, si des dépenses voluptuaires avaient augmenté la valeur des objets héréditaires, ces dépenses devraient être considérées comme utiles jusqu'à concurrence de la plus value qu'elles ont procurée.

Quatrième différence. — Cette différence a rapport aux obligations contractées par le possesseur relativement aux biens de la succession.

Le possesseur a contracté des obligations pour l'hérédité lorsque, par exemple, il a vendu une chose héréditaire. S'il est de bonne foi, il n'est tenu de rendre le prix de vente à l'héritier que si celui-ci lui donne caution de l'exonérer de toutes les obligations d'un vendeur, et spécialement de celle de garantie en cas d'éviction.

Le possesseur de mauvaise foi, au contraire, sera condamné comme s'il possédait. Mais ce possesseur, comme celui de bonne foi, devra être indemnisé s'il a donné la caution *damni infecti* pour une maison héréditaire qui menaçait ruine : il stipulera de l'héritier le remboursement de la somme qu'il aurait à payer par suite de cette caution. De même, le demandeur qui triomphe devra donner au possesseur, si celui-ci défend en même temps à un second procès sur la même hérédité, caution de venir le garantir et de soutenir le procès à sa place. Ce n'est pas qu'au défaut de cette caution le défendeur soit en danger d'éprouver une perte; car, ayant cessé de posséder sans faute ni dol, mais pour obéir aux ordres de la justice, il devrait être absous ; mais le second demandeur serait obligé, après avoir inutilement prouvé son droit contre le défendeur, d'attaquer de nouveau le premier demandeur aujourd'hui en possession : l'intervention de celui-ci évitera ce troisième procès.

Il convient de remarquer que, pour donner lieu à des prestations personnelles, les obligations contractées doivent avoir pour cause l'hérédité ; il ne suffit donc pas que le possesseur ait contracté ces obligations parce qu'il se croyait héritier, il faut encore qu'elles aient trait à l'hérédité : si elles avaient eu seulement pour motif la croyance erronée du possesseur à un droit héréditaire, il ne pourrait rien réclamer ; par exemple, s'il avait fait un emprunt qu'il croyait pouvoir payer avec les biens héréditaires.

Les prestations personnelles dues par l'héritier au possesseur sont comprises dans l'*arbitrium* du juge, qui est investi du pouvoir d'en apprécier la quotité, puisque la pétition d'hérédité est, dans le sens que nous avons indiqué précédemment, une action de bonne foi. Il est par conséquent inutile de demander l'exception de dol pour obtenir justice sur ce point, même au temps de la jurisprudence classique, suivant l'opinion du plus grand nombre des jurisconsultes. Le juge opérera une déduction entre les prestations dues par l'héritier au possesseur et celles dues par le possesseur à l'héritier, et condamnera celui qui restera débiteur à payer la différence à l'autre.

CHAPITRE VI.

DURÉE DE L'ACTION EN PÉTITION D'HÉRÉDITÉ.

La durée de l'action en pétition d'hérédité a éprouvé des modifications successives dont les plus anciennes sont indiquées dans le commentaire II, § 52 et suivants, des *Institutes* de Gaïus.

Le retard que mettait l'héritier à accepter la succession avait deux graves inconvénients : le culte des *sacra privata* était négligé, et les créanciers de l'hérédité n'avaient personne à qui s'adresser pour demander le payement de ce qui leur était dû. Afin de hâter l'acceptation de l'héritier, il fut établi que quiconque s'emparerait, de bonne ou de mauvaise foi, des biens d'une hérédité avant la prise de possession de l'héritier, usucaperait les meubles comme les immeubles par le laps de temps d'une année.

Cette usucapion, que l'on nommait *usucapio pro herede*, ou bien *lucrativa* ou *improba usucapio*, parce qu'elle pouvait s'accomplir malgré la mauvaise foi du possesseur, put être valablement opposée à tous les héritiers jusqu'au temps d'Adrien, où elle fut abrogée en grande partie par un sénatus-consulte qui probablement est le sénatus-consulte Juventien. L'usucapion ne fut maintenue qu'à l'égard des héritiers nécessaires, plus coupables que tous autres de négliger les biens de l'hérédité. Cette réserve finit elle-même par disparaître, ainsi que l'atteste la loi **2**, au Code, *De usucapione pro herede*, émanant des empereurs Dioclétien et Maximien, qui déclarent ne consacrer qu'un usage.

Les actions réelles pouvaient être rendues inutiles lorsque le défendeur faisait insérer dans la formule une *præscriptio* pour le cas où il aurait possédé l'objet revendiqué pendant dix ou vingt ans, selon que le demandeur avait été, pendant ce temps, présent ou absent, et s'il prouvait la réalité de cette prescription. La pétition d'hérédité, quoique étant une action réelle, ne devait pourtant pas pouvoir être repoussée par cette prescription. En effet, la revendication d'une hérédité embrasse tous les biens que celle-ci comprend : or, parmi ces biens se trouvent, non-seulement des objets corporels et des actions réelles, mais aussi des créances, des droits personnels. Nous avons vu que, contre les débiteurs héréditaires, contre les *possessores juris*, la pétition d'hérédité, qu'un texte déjà cité appelle *mixta personalis actio*, prend la nature des actions personnelles qu'elle remplace. La prescription de dix ou vingt ans n'est pas opposable à ces actions, par conséquent, elle ne l'est pas non plus à la pétition d'hérédité.

La pétition d'hérédité fut ainsi perpétuelle, tant que les actions personnelles le furent aussi; mais lorsque, sous Théodose, les actions personnelles furent soumises à la prescription *longissimi temporis* de trente ans, la pétition d'hérédité rentra dans la règle générale : seulement, elle ne fut éteinte que par la prescription trentenaire, à la différence des autres actions réelles.

CHAPITRE VII.

DE LA PÉTITION D'HÉRÉDITÉ PARTIELLE.

La pétition d'hérédité partielle est une action qui est donnée à celui qui se prétend héritier pour partie. Cette action a les mêmes caractères que la pétition d'hérédité totale, et les mêmes règles sont applicables à ces deux actions, sauf quelques dissemblances toutes pratiques résultant de la différence, pour ainsi dire matérielle, qui existe non dans la nature, mais dans la quotité du droit réclamé.

L'étendue de la pétition d'hérédité se mesure d'après le droit du demandeur, et non d'après la plus ou moins grande quantité des biens héréditaires que possède le défendeur. Celui qui se prétend unique héritier revendique l'hérédité entière, même contre celui qui n'en possède que quelques effets : au contraire, celui qui n'est héritier que pour partie revendique seulement une part de l'hérédité, proportionnelle à son droit, le défendeur en possédât-il tous les biens. Demander toute l'hérédité, quand on est seulement héritier pour partie, ou bien en demander une partie plus considérable que ne comporte son droit héréditaire, ferait encourir les peines de la plus-pétition. La formule délivrée par le préteur doit donc indiquer pour quelle part on prétend être héritier. Cependant, on peut ignorer quelle est cette part : il faut alors bien prendre garde d'en demander une trop forte; car, l'*intentio* n'étant pas vérifiée, le juge devrait

.absoudre le défendeur, et le demandeur perdrait son procès par plus-pétition sans pouvoir le recommencer ultérieurement. Il serait donc préférable, dans ce cas, de demander une part trop faible, sauf à réclamer plus tard le surplus par une nouvelle action. . Cependant le préteur a permis, pour éviter ce double procès, d'intenter la pétition d'hérédité pour une part incertaine, dans le cas où cette incertitude est véritablement motivée : par exemple, lorsque le *de cujus* a laissé un enfant vivant et sa femme enceinte, pour quelle part l'enfant est-il héritier? On ne peut actuellement le savoir ; cela dépend du nombre des posthumes qui naîtront. Les jurisconsultes romains montraient sur ce point une prudence véritablement excessive, et conseillaient de ne faire adition d'hérédité que pour un quart, de peur que le nombre des posthumes à naître n'allât jusqu'à trois; l'événement ferait ensuite connaître si l'héritier aurait à exercer une action en supplément ou à défendre à une action en réduction.

La pétition d'hérédité partielle se donne, comme la pétition d'hérédité totale, contre celui qui possède des choses ou des droits héréditaires *pro herede* ou *pro possessore*. Peu importe que le défendeur possède tout ou partie de l'hérédité; car, ainsi que nous l'avons déjà remarqué, la qualification de partielle donnée à cette pétition d'hérédité ne résulte point de ce que le défendeur ne possède pas la totalité des biens héréditaires, mais de ce que le demandeur a droit à une partie seulement de l'hérédité.

Celui qui intente la pétition d'hérédité partielle obtient par cette action une part indivise des objets possédés par le défendeur, et ce n'est que par une autre action, l'action *familiæ erciscundæ*, que s'opérera le partage de ces objets possédés ainsi par indivis.

Cette règle va nous permettre d'expliquer la solution donnée par les jurisconsultes romains aux questions suivantes, malgré la rigueur des principes, afin de se plier aux exigences de l'utilité pratique.

Primus et Secundus se prétendent chacun héritier pour moitié, en contestant l'un à l'autre tout droit héréditaire. Si chacun d'eux possède une part divise de l'hérédité, quelle action devront-ils employer l'un contre l'autre? Ce ne sera pas l'action *familiæ erciscundæ*, puisque le partage n'est refusé que parce que le droit héréditaire de chacun est méconnu par l'autre. Il faudra donc que Primus intente la pétition d'hérédité pour moitié contre Secundus, qui en fera autant contre lui : de cette manière, chacun d'eux restituera à l'autre une moitié indivise de ce qu'il possède, et, l'indivision commençant, l'action en partage sera possible.

De même, s'il y a deux héritiers et deux possesseurs, chaque héritier devra actionner les deux possesseurs pour se faire restituer une part indivise dans chaque objet héréditaire. Pareillement, une sœur qui réclamerait sa part de la succession contre ses quatre frères devrait les attaquer tous, chacun pour un cinquième; chacun d'eux devrait lui restituer un cinquième indivis du quart qu'il possède, ce qui donnerait à la sœur le cinquième indivis de toute la succession, auquel elle a droit.

Il en est de même, en principe, au cas où l'hérédité est possédée par Secundus, cohéritier du demandeur

Primus, et par un étranger, Tertius. Pour obtenir la restitution de la part qui lui appartient, Primus devrait demander à Secundus et à Tertius la moitié de ce que chacun d'eux possède. Mais Secundus, réduit ainsi au quart, aurait le droit de réclamer de Tertius un second quart, afin de compléter la moitié qui lui revient. Pour éviter ce recours de Secundus contre Tertius, qui donnerait lieu à une seconde action, comme peu importe à Primus la part indivise qu'il obtiendra, puisqu'une part indivise en vaut une autre, il demandera directement à Tertius la moitié que celui-ci possède, et Secundus ne sera pas inquiété.

De même encore si Primus, Secundus et Tertius possèdent chacun un tiers de l'hérédité, que Primus et Secundus aient droit chacun à la moitié, et que Tertius n'ait aucun droit; d'après la rigueur des principes, Primus devrait attaquer Secundus et Tertius chacun pour moitié de leur part, c'est-à-dire pour un sixième. Réciproquement, Secundus demanderait à Primus et à Tertius moitié de ce que chacun d'eux possède, c'est-à-dire un sixième de l'hérédité; mais, pour éviter cette double action, il vaut mieux donner à Primus et à Secundus tout ce que possède Tertius, à chacun pour moitié, en compensant leurs réclamations réciproques. Toutefois, cette compensation ne pourrait s'opérer si Primus et Secundus possédaient divisément; il faudrait une restitution partielle respective, afin que la possession en commun pût amener le partage.

Il en serait encore de même si Primus, Secundus et Tertius possédaient l'hérédité chacun pour un tiers, mais que Primus fût institué pour moitié, Secundus et

Tertius chacun pour un quart. Si l'on suivait la rigueur des principes, Primus, héritier pour moitié, réclamerait de Secundus et de Tertius la moitié de ce qu'ils possèdent. Mais ceux-ci, réduits ainsi à un sixième de l'hérédité, au lieu du quart auquel ils ont droit, demanderaient à leur tour à Primus chacun un douzième, en tout un sixième que Primus possède en trop depuis le triomphe de sa première action, qui lui a donné les deux tiers de l'hérédité, au lieu de la moitié à laquelle il a seulement droit. Afin d'éviter ces actions en sens contraire, on a décidé que Primus ne pourrait attaquer ses deux cohéritiers que chacun pour un quart de ce qu'ils possèdent : ainsi toutes les parties seront immédiatement dans les positions respectives qu'elles doivent avoir.

Le défendeur à la pétition d'hérédité peut admettre pour partie le droit auquel le demandeur prétend, et le méconnaître pour le surplus. L'action ne comprend alors que la partie contestée.

DROIT FRANÇAIS.

DE LA SUCCESSION DE L'ASCENDANT DONATEUR.

CHAPITRE Ier.

NOTIONS HISTORIQUES SUR LE DROIT DE SUCCESSION DE L'ASCENDANT DONATEUR.

La matière des successions était l'une des plus difficiles de l'ancien droit. Ses règles, empreintes de l'esprit
féodal et aristocratique, présentaient une variété très-
grande et une complication infinie. La loi du 2 nivôse
an II, et le Code après elle, établirent un régime uniforme pour toute la France, et abrogèrent la plupart des
anciennes règles les plus fertiles en complications.
Quelques articles cependant font exception au système
de succession adopté par le Code, et en modifient la sim-

plicité en établissant une succession à certains biens en dehors des règles ordinaires. L'article 747 est du nombre : il consacre, à notre avis du moins, un droit de succession en faveur de l'ascendant donateur. Contrairement au principe posé par l'article 732, cette succession admet la recherche de l'origine des biens ; par elle on recueille à titre héréditaire des objets particuliers. A cause de cette double exception à deux règles fondamentales du droit nouveau, cette succession est dite anomale. En vertu de ce droit de succession, qu'on nomme aussi droit de retour légal de l'ascendant donateur, les biens qu'une personne décédée sans postérité avait reçus gratuitement d'un de ses ascendants retournent, à titre de succession, à l'ascendant qui les avait donnés.

L'origine de cette institution se trouve dans le droit romain. Son point de départ est dans la dot profectice. C'est en effet du droit de retour accordé à l'ascendant *dotateur* qu'est venu le droit de retour légal de l'ascendant donateur. Il avait été admis en droit romain que la dot constituée à la femme par le père ou par un ascendant paternel devait retourner au constituant, lorsque la fille ou la petite-fille dotée mourait *in matrimonio* avant lui. Ce droit de retour, qui formait une grave dérogation au principe que le mari devenu propriétaire de la dot ne devait être tenu de la restituer qu'autant qu'elle pouvait encore servir à un nouveau mariage de la femme, était fondé sur un double motif : 1° ne pas ajouter, au chagrin que faisait éprouver à l'ascendant la perte de sa fille, le regret de perdre la dot qu'il lui avait constituée ; 2° encourager sa libéralité envers ses descendants, en lui ôtant la crainte de voir, en cas de prédécès de sa postérité, les biens dont il s'était dépouillé en leur faveur passer à des mains étrangères.

Le retour légal de l'ascendant, qui n'eut lieu pendant toute la période de la jurisprudence classique qu'à l'égard des biens constitués en dot, fut étendu par les empereurs Théodose et Valentinien aux donations *ante nuptias;* et, plus tard, à toutes donations, ainsi que le témoigne la Novelle 25 de l'empereur Léon, qui rappelle, en les maintenant, les lois antérieures consacrant ces dispositions. A côté de cette extension, cette Novelle mentionne une restriction qui est restée dans notre législation ; il faut, pour qu'il y ait lieu au retour, que l'enfant donataire meure sans postérité. Dans la Novelle de Léon, l'ascendant paternel est toujours le seul qui ait droit au retour légal; la mère et les ascendants maternels se virent toujours refuser un semblable droit.

La restitution de la dot profectice s'obtenait au moyen d'une action personnelle contre le mari, l'action *rei uxoriæ;* l'ascendant pouvait exercer cette action, que les biens donnés se trouvassent encore ou non dans le patrimoine du mari.

Du droit romain le retour légal passa, sous le nom de droit de réversion, dans la législation des pays de droit écrit; mais la jurisprudence des parlements méridionaux modifia d'une manière variable les règles que cette institution avait reçues dans le dernier état du droit romain. Tous les parlements conservèrent au père et aux ascendants paternels le droit de retour que leur avait accordé le droit romain. En outre, les parlements de Toulouse, d'Aix et de Bordeaux, l'étendirent à la mère, à l'aïeule paternelle et aux ascendants maternels : seul, le parlement de Grenoble leur refusa ce droit. Celui de Toulouse, au contraire, alla plus loin; il l'accorda aux frères et sœurs, oncles et tantes.

La faveur que la réversion trouvait dans l'esprit des parlements de droit écrit était si grande que, l'on débattit longtemps la question de savoir si, contrairement à la constitution de Léon, les donateurs ne devaient point être préférés aux enfants du donataire. Toutefois, depuis un édit de Provence, rendu en 1456, l'exercice du retour ne fut admis qu'à la condition du prédécès du donataire sans enfants; mais si ces enfants venaient eux-mêmes à mourir sans postérité, avant le donateur, celui-ci pourrait-il alors exercer le retour? C'était là un nouveau point de controverse, et peut-être n'y en eut-il pas qui reçût de solutions plus diverses. L'édit de Provence de 1456 se prononce en faveur des héritiers des enfants du donataire, et n'admet pas, par conséquent, le retour. Le parlement d'Aix a jugé plusieurs fois dans ce sens; le parlement de Dijon eut la même jurisprudence; celui de Bordeaux a souvent varié; il a rendu des arrêts nombreux, tantôt en faveur du donateur, tantôt en faveur des héritiers des enfants du donataire. A Grenoble, à Paris, même incertitude dans la jurisprudence. A Toulouse, le parlement s'est prononcé constamment pour l'aïeul. Les Marseillais, par un statut particulier, ont tranché la difficulté en accordant à l'aïeul le retour pour moitié, et en laissant l'autre moitié aux héritiers *ab intestat.*

La réversion produisait en général dans les pays de droit écrit tous les effets d'une condition résolutoire. Cependant, les parlements de Paris et de Dijon, dans les pays de droit écrit qui dépendaient de leur ressort, décldaient que le donataire pouvait, non-seulement aliéner à titre onéreux les biens donnés, mais encore en disposer par donations entre-vifs ou à cause de mort. Le parlement de Provence distinguait entre les aliénations à titre onéreux et celles à titre gratuit, les premières étant considérées comme un obstacle au retour, les autres comme n'étant pas un empêchement à l'exercice de ce droit. La rigueur de ces derniers parlements était mitigée par une jurisprudence que Bretonnier trouve très-juridique ; elle accordait au donateur au préjudice de qui l'aliénation avait été faite une action en indemnité sur les autres biens du donataire : si le donateur avait consenti à l'aliénation, il était censé avoir renoncé tacitement au droit de retour, soit en nature, soit par équivalent.

Quant à l'hypothèque établie sur les biens soumis au droit de retour, les divers parlements suivaient la même doctrine que pour l'aliénation. Ceux qui donnaient au donataire le pouvoir d'aliéner considéraient comme valables les hypothèques par lui concédées ; les biens ne retournaient alors à l'ascendant qu'avec la charge de ces hypothèques. Au contraire, dans le ressort des parlements qui ne reconnaissaient pas au donataire pouvoir d'aliéner, le droit de retour légal éteignait de plein droit toutes les hypothèques consenties par le donataire. Les biens donnés revenaient à l'ascendant francs et quittes de toutes charges. Toutefois, le parlement de Toulouse admettait, comme privilège personnel à la femme et ne passant pas à ses héritiers, une exception à cette règle : il accordait à la femme, sur le bien donné par le contrat de mariage et soumis au retour, une hypothèque subsidiaire en faveur de la dot et des conventions matrimoniales.

Le premier renseignement que nous ayons sur l'existence du droit de retour légal dans les pays coutumiers se trouve dans un arrêt rendu par le parlement dès l'année 1268, et qui est ainsi rapporté par la *Conférence des coutumes* : « Par arrêt donné à la Pentecôte 1268, a été « jugé que, quand les enfants décèdent sans hoirs pro- « créés de mariage, le don retourne aux donneurs et non « aux prochains héritiers des donataires. » Cependant la jurisprudence du parlement de Paris ne semble pas avoir été invariablement fixée dès cette époque ; car on trouve dans Chopin un arrêt contraire, et ni les *Coutumes notoires et jugées au Chastelet de Paris,* ouvrage du XIV* siècle, ni la première rédaction de la coutume de Paris en 1510, n'en font mention ; mais cette institution, vivement appuyée par Dumoulin, finit par entrer dans le texte des coutumes et par devenir le droit commun des pays coutumiers. Elle fut consacrée par la seconde coutume de Paris, dans son art. 313. La grande majorité des coutumes l'adopta, et, en conséquence, il a été jugé plusieurs fois que la réversion était dans l'esprit général des coutumes, et devait être étendue à celles qui n'en parlaient pas. Néanmoins, il y en a quelques-unes, parmi lesquelles se trouvent celles de Normandie, d'Anjou et du Maine, qui la repoussent expressément.

Dans les pays coutumiers, la réversion est accordée de droit commun aux ascendants, sans qu'il ait jamais été question de distinguer entre ceux qui sont de la ligne paternelle et ceux qui appartiennent à la ligne maternelle. La coutume d'Auxerre concède le retour même aux collatéraux. La coutume de Valenciennes va encore plus loin : d'après les dispositions contenues dans les

articles 108 et 109, les donateurs étrangers et leurs héritiers directs ou collatéraux peuvent exercer le retour;
mais c'est là un droit tout exceptionnel, et qui n'a pas de
pareil dans aucune autre coutume. Les coutumes qui
forment le droit commun présentent le retour au profit
des ascendants comme une dérogation apportée, en raison de leur qualité de donateur, à la règle : Propres ne
remontent point. Il est donc bien certain que l'ascendant donateur seul succède au donataire dans les choses
par lui données, encore qu'il ne soit pas son hoir le plus
habile à succéder. Lorsque le donateur est en même
temps l'hoir le plus habile à succéder, nous voyons alors
réunis sur la même tête deux droits distincts : ce sont,
dit Ferrière, deux différents droits successifs qui con-
courent en la même personne. La conséquence est que
cette personne peut répudier l'un et retenir l'autre. Du-
plessis, tout en admettant que le retour forme une succession séparée, ne partage pas cette opinion qui nous
paraît être pourtant une déduction logique du principe
qu'il pose lui-même comme incontestable.

Il était généralement admis dans les pays de coutumes que les immeubles, même les immeubles par fic-
tion, comme les offices et les rentes constituées, étaient
sujets au retour ; mais, pour les meubles, on était loin
d'être d'accord. Des coutumes repoussent nettement le
retour des choses mobilières; d'autres ne font pas difficulté de l'admettre. Quelques-unes tolèrent la réversion
des meubles réalisés, au cas de stipulation de propres :
dans d'autres, la question est restée irrésolue, comme
dans celles de Paris et d'Orléans, qui appellent l'ascendant à succéder *ès choses* par lui données. Aussi les in-

terprètes sont-ils fort divisés sur ce point. Lebrun et Pothier pensent que les meubles ne peuvent faire l'objet de
retour. Charondas, Renusson, Domat, Bretonnier sont
d'un avis contraire; Ferrière professe une opinion mi-
toyenne, qui n'a pas été sans influence sur la rédaction
adoptée par le Code Napoléon : « Lorsque les meubles se
« trouvent *en nature* lors du décès du donataire, dit-il,
« comme si ce sont des obligations, le retour peut avoir
« lieu, parce que les raisons pour lesquelles nous avons
« reçu ce droit dans nos coutumes ont alors lieu. »

Dans les pays de droit coutumier, comme dans ceux
de droit écrit, le retour n'a lieu qu'à la condition du
prédécès du donataire sans postérité. Le droit de retour
renaît-il au profit du donateur s'il survit aux enfants du
donataire décédés eux-mêmes sans postérité? Cette question, dont la solution présente des difficultés en droit
écrit, est facilement tranchée par les principes coutumiers. Comme le retour n'avait lieu, en droit commun,
que pour les propres, soit véritables, soit convention-
nels, l'aïeul, père du donataire prédécédé, était héritier
lignager du petit-fils. Il n'avait pas besoin du droit de
retour pour exclure le père ou la mère survivants qui
n'étaient pas de la ligne : les biens donnés lui arrivaient
d'après les règles ordinaires des successions. Cependant
Pothier décidait que, d'après la Coutume d'Orléans, le
retour devait avoir lieu.

Le droit de retour n'était pas fondé, en droit coutumier,
comme en droit écrit, sur une clause tacite de résolution.
Les auteurs s'accordaient à lui donner le caractère d'un
droit de succession. Ainsi Ferrière dit qu'on ne peut
jouir de ce droit que *titulo successionis;* et Lebrun, con-

sidérant que ce droit n'est pas toujours conforme à l'ordre ordinaire des successions, estime que ce droit est mixte, et participe du droit de réversion et du droit de succession. Puisque le retour ne s'exerce qu'à titre de succession, ce n'est qu'autant que les choses se retrouvent dans les biens du donataire, au jour de son décès, qu'elles peuvent faire retour ; les aliénations qui en ont été faites restent donc valables. Tel est le droit commun des pays coutumiers : cependant la coutume de Bayonne y déroge, en interdisant toute disposition des biens donnés lorsqu'ils sont *avitins*, si ce n'est en cas de nécessité. Il ne suffit pas, pour que le retour puisse s'opérer, que les choses se retrouvent dans les biens du donataire ; il faut encore qu'elles s'y retrouvent en tant que choses données. Si elles ont été aliénées, et qu'elles soient ensuite rentrées dans le patrimoine du donataire, soit par achat, soit par donation ou succession, Ferrière et Lebrun décident sans hésiter que le donateur ne peut les reprendre parce qu'elles ont perdu leur qualité de propres de réversion. Toutefois, ils font exception à cette règle pour le cas où l'aliénation faite par le donataire serait frauduleuse, c'est-à-dire consentie uniquement dans le but d'empêcher le retour. Remarquons enfin que, si le donataire peut valablement disposer à titre onéreux ou à titre gratuit entre-vifs de la totalité des choses données, il ne peut en léguer que le quint, le donateur pouvant faire réduire le legs du propre de réversion comme du propre de succession.

Le droit commun coutumier appelle le donateur exerçant le retour au payement des dettes du donataire. C'est encore une conséquence de cette idée qu'il est héritier ;

mais est-il tenu des dettes *ultra vires*, ou n'en est-il tenu que jusqu'à concurrence de son émolument? C'était là un nouveau sujet de controverse. Lebrun tenait pour le premier parti, parce que, disait-il, quant au payement des dettes, la réversion est une succession. Ferrière était pour le second, par le motif que le donateur n'était que successeur *in re singulari*, de même que le fisc et les seigneurs haut-justiciers, lesquels n'étaient tenus que jusqu'à concurrence des biens dont ils *amendaient*, pourvu qu'ils eussent fait inventaire.

L'institution du retour légal ne passa point dans le droit intermédiaire. La loi du 17 nivôse an II, qui refondit dans ses dispositions celles de la loi du 5 brumaire précédent, l'abrogea implicitement en consacrant dans un de ses articles le retour conventionnel, et en passant sous silence le retour légal. Toutefois, l'ancien droit continua à régir les donations faites sous son empire. On aurait pu décider le contraire sans rétroactivité, car l'expectative du droit de retour ne pouvait constituer un droit acquis, dès l'instant où la donation avait été faite, surtout dans les pays où le retour était considéré comme un droit de succession. Une seule loi régit en effet toutes les successions, celle qui est en vigueur au moment de leur ouverture. Néanmoins, on trouva juste de ne point enlever des espérances qui parurent légitimes; et, pour prévenir l'interprétation en sens contraire qu'on aurait pu tirer du silence de la loi de nivôse, une loi interprétative du 23 ventôse an II consacra formellement, dans son article 5, le respect de ces droits, quoique purement éventuels.

Cette proscription du droit de retour légal ne tarda

pas à porter ses fruits. L'imprévoyance des ascendants à stipuler le retour donna lieu à des résultats fâcheux, que la jurisprudence essaya de pallier en torturant les textes des conventions pour y voir un droit de retour qui n'y était pas renfermé. C'est ainsi que l'on décida que cette stipulation résultait nécessairement de l'énonciation d'avancement d'hoirie faite dans l'acte de donation.

Enfin, un remède fut apporté à cette situation par le Code Napoléon, qui rétablit, dans son art. 747, le droit de retour légal en faveur de l'ascendant donateur. Néanmoins, si le but de la loi a été excellent, on n'en peut dire autant de la manière dont elle a manifesté sa volonté sur ce point. La concision de la loi sur cette matière, qui présente un grand nombre de cas divers, et qui est en dehors des règles ordinaires des successions, a été la source de nombreuses difficultés. L'art. 747 est loin, en effet, de donner les développements nécessaires pour résoudre toutes les questions qui peuvent se présenter. Aussi, les jurisconsultes sont-ils fort divisés sur les solutions à donner à ces questions : les uns, s'appuyant sur les motifs des législateurs anciens et modernes pour l'établissement du droit de retour, lui ont donné toute l'extension qu'ils ont jugée équitable, et ont cru pouvoir, en dehors du texte de la loi, décider toutes les questions d'après le droit écrit, les coutumes et l'ancienne jurisprudence : ils ont complété l'œuvre du législateur d'après ses intentions présumées ; d'autres, craignant de se laisser entraîner, dans cette voie, à mettre leur sagesse à la place de celle du législateur, se sont tenus plus scrupuleusement attachés au texte, et ont préféré accepter les imperfections qui pouvaient se trouver dans la loi plutôt que de risquer de la modifier par une interprétation trop large.

CHAPITRE II.

NATURE DU DROIT DE SUCCESSION DE L'ASCENDANT DONATEUR.

Nous avons vu le droit de retour légal exister dans trois législations différentes, et dans chacune avec un caractère divers. A laquelle de ces législations le Code Napoléon l'a-t-il emprunté? A laquelle doit-on surtout recourir pour trouver la solution des questions laissées indécises? Dans le droit romain, le retour produisait une simple action personnelle contre le mari; dans les pays de droit écrit, c'était le plus souvent à titre de résolution de la donation qu'il avait lieu; enfin, d'après le droit commun des pays de coutume, il ne s'exerçait qu'à titre de succession.

Il nous paraît évident que c'est au droit coutumier que le Code a emprunté la disposition de l'art. 747. Décider le contraire, ce serait, à nos yeux, méconnaître les expressions si énergiques de cet article, qui, à l'exemple de l'art. 313 de la Coutume de Paris, nous dit : *les ascendants* SUCCÈDENT.....; *ils* SUCCÈDENT *aussi*..... : ce serait méconnaître la place significative occupée dans le Code par l'art. 747, qui se trouve dans la section consacrée aux *successions* déférées aux ascendants; ce serait ne pas tenir compte des travaux préparatoires, où l'on voit précisément justifié, par cette explication, le retranchement de la mention du droit de retour légal, faite d'abord dans les articles du projet qui traitaient du droit de retour conventionnel, pour transporter cette disposition au titre des successions; ce serait, enfin, négliger l'autorité de l'ancien droit coutumier, dont les expressions citées précédemment sont presque textuellement reproduites par notre Code. Telle est, d'ailleurs, l'opinion presque unanime des auteurs et de la jurisprudence. Toutefois, la succession de l'ascendant donateur diffère sur trois points importants d'une succession ordinaire. D'abord, cette succession déroge à la règle générale que la loi ne recherche pas l'origine des biens pour en régler la dévolution; puis, elle consacre une hérédité *in re singulari*, tandis qu'ordinairement le droit de succession s'exerce sur une universalité ou sur une quotité; enfin, elle n'est pas offerte aux mêmes personnes que la succession ordinaire, et celles qui y sont appelées le sont indépendamment de toutes considérations de degré et à l'exclusion de tous autres. Aussi désigne-t-on souvent cette succession, ainsi que nous l'avons dit au commencement de ce travail, sous le nom de succession anomale. On lui donne encore le nom de retour successoral; cette expression est aussi juste que la précédente, et plus explicite, car elle fait pressentir en quoi la succession est anomale. Cependant, si elle nous paraît heureuse quand on l'oppose au retour conventionnel, il nous semble qu'en la prenant en elle-même on peut lui reprocher de représenter, par l'adjectif successoral, comme étant l'idée accessoire, ce qui, dans l'institution que nous étudions, est l'idée principale, tandis qu'elle traduit comme idée principale, par le substantif retour, ce qui est vraiment l'idée accessoire. Pour être tout à fait exact et complet, nous pensons qu'il faudrait dire succession par retour ou succession profectice.

Le principe, que le droit de retour de l'ascendant donateur ne s'exerce qu'à titre de succession, produit de nombreuses conséquences. Nous les examinerons en leur temps et lieu; mais nous devons dès à présent faire remarquer que, de cette qualité d'héritier attribuée à l'ascendant, on doit conclure qu'il faut qu'au moment de la mort du donataire l'ascendant donateur soit capable de recueillir; qu'il ne soit pas indigne; qu'il ne peut, pendant la vie du donataire, ni renoncer à son droit, ni faire sur ce droit aucune stipulation, même avec le consentement du *de cujus*; qu'il est saisi de plein droit, dès l'instant de la mort du donataire, sans être obligé de demander la délivrance, car il est héritier légitime; enfin, que, comme tout héritier, il peut accepter la succession de l'art. 747, soit purement et simplement, soit sous bénéfice d'inventaire, ou bien y renoncer.

Un droit de succession se perd par la renonciation : il se confirme, au contraire, et s'attache irrévocablement à nous par l'acceptation. En outre, il est de principe que nul ne peut accepter ou répudier une succession pour partie. Quelle sera ici l'influence de ce principe ? L'ascendant, appelé à exercer un droit de succession ordinaire et appelé en même temps à exercer le droit de retour légal, pourra-t-il renoncer à l'un et accepter l'autre ? Une pareille décision violerait-elle le principe que nous venons de rappeler ? Cela revient à se demander si, dans notre hypothèse, il y a deux droits de succession distincts. Cette question n'a pas seulement de l'importance au point de vue qui nous occupe ; elle en a également sur la question de savoir si l'ascendant donateur, ne venant qu'à ce titre à la succession du donataire, sera obligé au rapport. Le cas, il est vrai, est peu pratique, et on voit rarement les descendants faire à leurs ascendants des libéralités qui soient sujettes au rapport. En elle-même, et quant au point de savoir si l'acceptation de l'une des deux successions est compatible avec la renonciation à l'autre, la solution affirmative de notre question permettrait à l'ascendant de garder les biens donnés, auxquels il attache peut-être un grand prix d'affection, sans s'exposer à un fardeau trop considérable de dettes par suite de son acceptation, même comme héritier ordinaire. Néanmoins, à ce point de vue encore, l'importance pratique de la question sera très-faible, parce que l'ascendant préférera renoncer ou accepter sous bénéfice d'inventaire, et acheter à la vente, qui se fera des biens de la succession, les objets pour lesquels il aura un intérêt d'affection. On a dit encore que l'ascendant peut désirer avantager, par sa renonciation à la succession ordinaire, un parent plus éloigné, sans lui transmettre en même temps les biens donnés. Nous ne pouvons admettre que ce soit là un motif légitime d'intérêt de notre question. La renonciation à une succession a pour but l'intérêt de celui qui renonce, et non l'intérêt de ses cohéritiers. Quand elle a lieu dans l'intérêt de ces derniers, c'est une donation que la loi, d'ailleurs, présume dans un certain nombre de cas, pour empêcher une véritable fraude, qui se consommerait sur l'apparence de cet acte. Le but, dans cette hypothèse, serait donc illégitime, et ne doit pas être pris en considération. Mais si, après que la succession anomale a été

acceptée, il se découvre des dettes jusque-là restées in-
connues, et auxquelles l'ascendant veuille échapper au
moins pour la succession ordinaire, celui-ci pourra-t-il
répudier cette dernière succession ? Voilà l'intérêt de la
question. On le voit, cet intérêt est sans doute de peu
d'importance, parce qu'il se présentera rarement dans la
pratique ; mais enfin, que dire s'il se présente ? L'ascendant peut également avoir intérêt à renoncer à la succession anomale, après avoir accepté la succession ordinaire,
lorsqu'il est en concours avec d'autres héritiers. Si la
succession est mauvaise, il diminuera ainsi la proportion dans laquelle il lui faudrait contribuer au payement
des dettes, s'il restait à la fois héritier dans les deux
successions.

Le système d'indivisibilité de la succession entière a
été soutenu. On a d'abord invoqué l'ancien droit en faveur de cette opinion ; il paraît, en effet, incontestable
que, dans l'ancien droit, l'héritier qui serait venu à la
succession de certains propres et aurait eu, de plus,
droit à la succession des meubles et des acquêts, n'aurait
pu accepter la succession des propres et refuser celle des
acquêts ou réciproquement. Sans doute, ajoute-t-on,
quand l'ascendant donateur n'a droit qu'aux biens donnés
on peut sans danger se servir d'expressions qui indiquent
deux successions différentes ; mais ce langage, bon pour
expliquer dans ce cas la théorie de la loi, est, au fond,
faux et dangereux. Une personne ne laisse jamais qu'une
seule succession, quel que soit le nombre de ses héritiers. Il en est ainsi quand il y a des successeurs régu-
liers et des successeurs irréguliers, quoique les règles
de la succession soient différentes pour les uns et pour

les autres : il faut décider de même dans notre espèce, et appliquer encore dans ce cas la maxime : *Nemo pro parte heres*. Il nous paraît facile de répondre à cette argumentation. Et d'abord, nous récuserons l'autorité de l'ancien droit. En effet, à cette époque la distinction des acquêts était la règle générale. Voir, dans ce cas, deux successions distinctes, c'eût été partager ainsi toutes les successions. Actuellement, il n'en est plus de même : la succession anomale est tout exceptionnelle, et a ses raisons d'être spéciales. Mais si nous voulons la séparer de la succession déférée suivant les règles ordinaires, ce n'est pas parce qu'il y aurait deux patrimoines dans la succession, il n'en existe qu'un ; mais c'est parce qu'une partie des biens est dévolue suivant des règles toutes spéciales, qui n'ont presque rien de commun avec les règles des successions ordinaires. Ce qui oblige donc à opérer cette séparation, et à dire qu'il y a là deux successions distinctes, c'est qu'il faut appliquer à chaque espèce de biens des règles différentes. Quelle est l'origine de ce principe, qu'on ne peut accepter une succession pour partie ? C'est cet autre principe, que la vocation de chaque héritier est universelle, s'étend à toute la succession : le concours seul des cohéritiers entre eux les oblige à partager. Ici, nous avons si bien des règles spéciales qui nous forcent à distinguer deux sortes de successions, que l'on est obligé de convenir que l'ayant droit au retour légal n'a point vocation à toute l'hérédité. Aussi, peu lui importe que les héritiers ordinaires acceptent ou renoncent, leur renonciation n'ouvrirait point pour lui ce qu'on appelle le droit d'accroissement ; car sa vocation est limitée par la loi elle-même aux biens donnés. Par conséquent, il y a bien un véritable mur de séparation entre les deux successions ; et, puisque l'héritier a deux vocations différentes, on ne voit pas pourquoi il ne pourrait pas accepter l'une des deux successions et répudier l'autre.

Seulement, cette solution une fois admise, reste à savoir ce qu'il faudra décider quand l'ascendant aura accepté ou répudié, sans préciser celui des deux droits de succession auquel s'applique l'acceptation ou la répudiation. C'est là, sans aucun doute, une question de fait dont les circonstances pourront toujours éclairer plus ou moins la solution. Le plus souvent, il faudra tenir pour constant que l'acceptation ou la renonciation s'appliquent aux deux droits de succession : car c'est là évidemment le cas le plus fréquent, et l'on ne doit pas présumer un fait qui ne sera jamais que très exceptionnel.

CHAPITRE III.

CONDITIONS EXIGÉES DANS LA PERSONNE DU DONATEUR POUR QUE LA SUCCESSION AUX BIENS DONNÉS PUISSE S'OUVRIR A SON PROFIT.

Le Code Napoléon n'a consacré le retour des biens donnés qu'au profit des ascendants ; les collatéraux n'ont plus, dans notre droit, le bénéfice du retour légal qui leur était accordé dans certains pays de droit écrit et dans certaines coutumes, dont les dispositions, il est vrai, étaient exceptionnelles.

L'ascendant donateur a droit au retour, et seul il y a

droit à l'exclusion de tous autres. On ne peut donc plus
se demander, comme autrefois, s'il est nécessaire qu'il
soit appelé à la succession générale du donataire; on ne
peut plus élever de doute sur le point de savoir si l'aïeul
peut reprendre les biens donnés dans la succession du
petit-fils donataire mort sans postérité, quand le fils
encore vivant est appelé à recueillir l'universalité de la
succession. Si l'aïeul a survécu au petit-fils, lui seul
exercera le retour, puisque seul il est donateur; s'il est
prédécédé, son droit est étei   et le fils ne pourrait prétendre exercer du chef de s   père donateur un droit
que celui-ci n'a jamais eu. Po   qu'il pût élever une
pareille prétention, il faudrait qu il eût trouvé ce droit
dans la succession de son père. C'est, en effet, un droit
personnel, exclusivement propre au donateur : ses héritiers, ses ayants cause ne peuvent l'exercer que lorsqu'ils
l'ont trouvé dans son patrimoine, c'est-à-dire quand leur
auteur est décédé après l'enfant donataire et avant d'avoir
pris parti sur ce droit de succession qui lui était déféré
par la loi.

La loi appelle au retour légal tous les ascendants; elle
ne distingue pas; mais, de ce que l'ascendant est considéré comme reprenant à titre successif la chose donnée,
il résulte que le retour ne peut avoir lieu qu'entre des
personnes qui ont des rapports de successibilité, c'est-à-
dire qui peuvent être héritières l'une de l'autre. Par
conséquent, si la donation a été faite par un ascendant à
l'enfant naturel de son descendant, le retour légal ne
pourra avoir lieu en faveur du donateur. En effet, la loi
n'admet aucun lien de parenté entre l'ascendant et l'enfant naturel de son descendant; il n'y a donc entre eux

aucun rapport de successibilité. Le caractère de succession étant, comme nous l'avons dit, inhérent au droit de retour dans notre législation, ce droit ne peut appartenir à ceux qui ne sont pas héritiers du donataire; il n'est d'ailleurs accordé qu'aux ascendants; or l'aïeul d'un enfant naturel n'est pas regardé comme tel aux yeux de la loi. Celui-ci n'a donc qu'un moyen d'assurer le retour des biens qu'il donne à l'enfant naturel de son descendant; c'est de le stipuler.

La décision que nous venons de donner à l'égard de l'ascendant de l'enfant naturel, n'est pas applicable de plein droit aux père et mère naturels, puisqu'il existe un lien de parenté entre l'enfant naturel et ses père et mère qui l'ont reconnu. La loi ne s'est pas prononcée à l'égard des père et mère naturels d'une manière formelle; elle parle bien, dans l'article 747, d'un droit en faveur de l'ascendant donateur, mais cette expression comprend-elle les père et mère naturels? Elle parle bien encore d'un droit semblable au profit des frères et sœurs légitimes de l'enfant naturel, c'est-à-dire des enfants légitimes des père ou mère naturels; mais de ces derniers elle ne dit pas un mot. Un semblable silence ne pouvait que donner lieu à une grave controverse. La lutte s'est engagée sur le terrain des textes comme sur celui des motifs de la loi. En faveur des père et mère naturels, on a invoqué d'abord l'art. 747 dont les termes ne distinguent pas, et qui parle des ascendants en général. On a invoqué surtout l'art. 766 dont on a prétendu faire une application *à fortiori*. En effet, cet article établit formellement un droit de réversion en faveur des enfants légitimes des père ou mère naturels, droit improprement désigné dans ce cas du nom de réversion, puisqu'il s'opère, non pas au profit du donateur, mais au profit des enfants légitimes de ce donateur. Or, dit-on, comment, en obéissant à une semblable pensée, le législateur aurait-il négligé l'auteur même de la donation? Sans doute, l'utilité d'un droit de succession anomale ne se fera pas sentir pour l'auteur naturel, si lui seul a reconnu l'enfant et que l'autre auteur ait gardé le silence à cet égard; ou bien si, lorsqu'il y a eu reconnaissance de la part du père et de la mère, le donateur survit seul à l'enfant : car, dans ces deux hypothèses, l'art. 765 suffit à tout, et un droit de succession complet existe à son profit. Le retour ne lui serait alors utile que s'il voulait accepter l'une des deux successions et répudier l'autre. Mais son utilité se fera sentir lorsque le père et la mère auront reconnu tous deux l'enfant naturel et lui survivront également tous deux. Malgré ces restrictions, l'importance d'un pareil droit est encore trop grande pour que l'on puisse croire facilement à un oubli de la part du législateur. Aussi, selon les partisans de l'opinion favorable aux père et mère naturels, s'il n'a rien dit de spécial pour eux, c'est qu'il les regardait comme compris dans les termes de l'art. 747. De plus, tout justifierait un pareil système dans la pensée de la loi. Ne fallait-il pas encourager les libéralités, plus encore en faveur des enfants naturels, si délaissés ordinairement, qu'en faveur des enfants légitimes? Ne serait-il pas bien plus cruel pour le donateur de voir ses biens passer entre les mains d'une personne qui sera devenue le plus souvent l'objet de sa haine, avec laquelle il n'a plus tout au moins de rapport, que de les voir passer entre les mains de neveux, nièces ou autres parents légitimes? Enfin, le résultat du système contraire serait d'enrichir injustement l'un des concubins aux dépens de l'autre. Considéré au seul point de vue de l'équité et de la raison, ce premier système devrait triompher, car il nous paraît véritablement immoral de voir des libéralités se reporter, de par la loi elle-même, de l'enfant naturel à l'un des concubins, de voir des concubins s'enrichir ainsi au préjudice l'un de l'autre. Cependant, il ne faut pas se dissimuler qu'après tout ces inconvénients ne sont guère que le résultat de l'abrogation de l'ancienne règle : *Paterna paternis, materna maternis,* et que le partage par moitié établi par la loi y rémédie au moins en partie. Quoi qu'il en soit, nous croyons fermement que, sur le terrain des textes, ce système ne peut se défendre, et qu'en conséquence on doit décider que les père et mère naturels n'ont pas le droit de retour légal. Ce second système s'appuie sur les raisons suivantes. En premier lieu, l'art. 747 ne nous paraît pas comprendre dans ses dispositions les parents naturels. Cet article voit, en effet, son expression générale restreinte par la place qu'il occupe dans la loi. Il se trouve dans le chapitre des successions régulières, dans la section des successions déférées aux ascendants légitimes. La rubrique du chapitre dispensait le législateur de préciser sa pensée dans chaque article. De plus, la loi a eu soin de traiter séparément notre sujet à trois endroits distincts, et l'art. 747 ne concerne que la famille légitime, de même que les art. 351 et 352 ne s'occupent que de la famille adoptive et l'art. 766 de la famille naturelle. Les expressions de l'art. 747 n'ont pas empêché le législateur de s'expliquer sur la famille adoptive; elles ne devaient pas non plus le dispenser de le faire à l'égard de la famille naturelle. D'ailleurs, le principe de l'art. 732 doit dominer toute la matière, quand on n'y trouve pas d'exception formelle. Il est général dans notre droit, et s'applique aussi bien en matière de succession irrégulière qu'en matière de succession régulière. Dès lors, aussitôt que l'on sort des termes de l'art. 747, on retombe sous l'application de ce principe. L'art. 766 prête-t-il à la doctrine contraire une base plus solide que l'art. 747? Non, car l'art. 765 vient détruire l'argument que l'on prétendrait en tirer. Lorsque les père et mère de l'enfant naturel survivent tous les deux, l'art. 765 nous dit qu'à défaut de postérité légitime ils succéderont par moitié. Cet article est clair et précis; l'empire de la lettre est ici irrésistible et ne prête à aucune distinction. On le voit, l'hypothèse est formellement prévue et réglée par le législateur contre l'extension de l'art. 747. Enfin, pour l'argument *à fortiori* de l'art. 766, cet argument ne procéderait bien que si la comparaison entre les deux hypothèses se présentait dans une même situation. Que veut-on en effet? Préférer pour les biens qu'il a donnés un des concubins à l'autre. Il faudrait donc prouver que, vis-à-vis du parent non donateur survivant, les enfants légitimes du donateur prédécédé seraient également préférés. Or, d'après le texte formel de l'art. 766, les frères et sœurs légitimes ne succèdent aux biens donnés qu'en cas de prédécès des père *et* mère naturels; le parent non donateur survivant exclut donc, quant aux biens donnés, les frères et sœurs légitimes. Ceux-ci n'ont alors aucun droit, et l'argument *à fortiori* qu'on tirait en faveur du parent donateur s'évanouit par là même, et il reste démontré que les père et mère naturels n'ont pas le droit de retour légal. Ajoutons enfin que le but que le législateur a voulu atteindre dans l'art. 766, c'est-à-dire faire revenir à la famille légitime, à laquelle on n'a aucune faute à reprocher, les biens dont la présence de l'enfant naturel l'avait dépouillée, n'a pas besoin de recevoir son application lorsque les père et mère viennent tous les deux à la succession de cet enfant.

Quant au père adoptif, il n'y a pas de doute possible : Il a droit au retour ; les art. 351 et 352 le lui accordent expressément. Ces articles donnent même à ce droit une étendue plus grande que ne le fait l'art. 747. Les enfants légitimes du père adoptif peuvent aussi l'exercer dans la succession de l'adopté.

Plusieurs ascendants peuvent à la fois exercer le retour; cela ne fait pas difficulté : il y aura seulement à déterminer quelles choses ont été données par chacun d'eux. Ce concours peut se présenter quand les donateurs sont le père et le grand père, ou bien les père et mère, grand-père et grand'-mère. Dans le premier cas, pour que le père ait intérêt à invoquer l'art. 747, il faut que le *de cujus* ait laissé des frères et sœurs; car, s'il en était autrement, la succession anomale se confondrait avec la succession ordinaire au profit du père. Le second cas se conçoit facilement, et le père et la mère qui auront doté leur enfant seront appelés à reprendre chacun ce qu'ils auront donné ou seront censés légalement avoir donné d'après les présomptions établies par les art. 1438 et suivants, 1544 et suivants du Code Napoléon.

C'est au donateur qu'appartient le retour, à celui qui a

la qualité de donateur, c'est-à-dire qui a fourni, à titre de donation et non à un autre titre, les choses données. Ainsi, un mari et une femme se sont engagés conjointement et solidairement à constituer une dot à leur enfant ; la femme devient insolvable et ne peut payer la moitié qui incombe à sa charge ; le mari, obligé solidairement, sera tenu de payer la dot entière. Aura-t-il droit au retour pour le tout ? Non sans doute : il a droit au retour de la moitié qu'il a payée comme donateur, mais l'autre moitié ne lui reviendra pas, car il l'a payée en qualité de débiteur solidaire, forcément et non volontairement. La femme donataire exercera la réversion, et le mari aura contre elle un recours en remboursement plus ou moins efficace ; il pourra même user du moyen que lui offre l'art. 1166 pour rentrer dans les biens qu'il a livrés en l'acquit de sa femme, sauf à en communiquer le bénéfice à ses cocréanciers.

Lorsqu'une donation a été faite par un père à son fils, mais sous la condition de doter les petits-enfants, à qui le retour doit-il appartenir, à l'aïeul ou au fils donataire ? Nous pensons qu'il faut décider, comme on le faisait en droit romain, que le retour appartient à l'aïeul : le fils n'a été qu'un intermédiaire, ce n'est pas lui qui est le donateur ; en constituant des dots à ses enfants, il n'a pas agi *animo donandi,* mais dans le but unique de remplir la charge ou condition imposée par son père. Il importe peu que le montant des dots ait été ou non déterminé : cette circonstance est indifférente, du moins quant à la réversion ; car il pourra bien se faire que la latitude laissée au donataire fasse naître la question de savoir si la condition de la donation a été remplie selon les vœux du donateur.

Quelquefois, la qualité de donateur n'est pas nettement déterminée : c'est alors une question préalable, que les tribunaux devront trancher avant de se prononcer sur la question du retour. Il peut se faire, en effet, que tel contrat qualifié donation soit accompagné de clauses tellement onéreuses, qu'il soit bien plutôt un contrat à titre onéreux. C'est là une appréciation de fait dont nous n'avons pas à nous occuper ici.

Doit-on considérer comme une donation donnant droit au retour le partage d'ascendant fait par un acte entre-vifs? La jurisprudence et les auteurs décident l'affirmative. Le partage ainsi fait a le caractère dominant de la donation; il emporte dépouillement actuel et irrévocable; son but, il est vrai, est la répartition anticipée d'une succession; de là quelques règles qui lui sont particulières, mais aucune d'elles ne s'oppose au retour.

Le retour s'effectuant, ainsi que nous l'avons dit, à titre de succession, il faut, pour qu'il puisse avoir lieu, que le donateur survive au donataire. Cette condition ne soulève aucune difficulté; la nature des choses ne le permet pas : un simple rapprochement de dates suffit pour montrer quel est, du donateur ou du donataire, celui qui est pré-décédé et celui qui a survécu. Il peut se faire cependant que tous deux aient péri dans un même événement. Peut-on appliquer alors les présomptions des art. 720 et suiv. du Code Napoléon? Nous ne le pensons pas : ces présomptions sont de droit étroit, et ne doivent pas être étendues en dehors des conditions que la loi a posées à leur application. On ne rencontre pas dans la succession anomale la vocation respective des *commorientes* : telle est la décision généralement donnée. Cependant, nous croyons que cette décision ne doit pas être absolue. Ainsi, quand l'ascendant donateur et le descendant donataire, morts dans un même événement, se trouvaient respectivement appelés à se succéder quant à la succession ordinaire, les présomptions de l'art. 720 nous semblent aussi applicables quant à la succession anomale. Il nous paraîtrait, en effet, illogique que les héritiers du donateur pussent prouver la survie de leur auteur au moyen des présomptions de l'art. 720, pour ce qui concerne la dévolution des biens composant la succession ordinaire, et ne le pussent pas pour obtenir le retour des choses données. La question de survie ou de prédécès une fois tranchée, il n'y a plus qu'un fait dès lors constant et qui ne peut pas être scindé : ou le donateur a survécu ou il a prédécédé; la loi, par exemple, présume et tient pour constante la survie : ce fait ne peut pas être certain pour partie et incertain pour partie; il est ou il n'est pas.

Lorsque la loi exige, pour l'exercice du retour, le prédécès du donataire, elle ne se réfère pas seulement, comme le mot « décédés » qu'elle emploie pourrait le faire croire, à la mort naturelle. Toute succession s'ouvrait autrefois par la mort civile comme par la mort naturelle; or, le retour légal est une succession. Aussi, avant la loi du 31 mai 1854, qui, en abolissant la mort civile, ôte tout intérêt à la question, la décidait-on sans difficulté en faveur de l'ascendant donateur.

La question de savoir si l'absence du donataire donne lieu au retour ne soulève pas plus de controverse. En effet, la déclaration d'absence donne provisoirement ouverture, en faveur des intéressés, à tous les droits subordonnés à la condition du décès de l'absent; or, comme le retour légal se trouve dans la classe de ces droits, il en résulte évidemment que l'ascendant donateur pourra réclamer le bénéfice de l'art. 747.

CHAPITRE IV.

CONDITIONS EXIGÉES DANS LA PERSONNE DU DONATAIRE POUR QUE LA SUCCESSION DE L'ASCENDANT DONATEUR PUISSE S'OUVRIR.

Trois conditions sont nécessaires à l'exercice du droit de retour : il faut que le donateur survive au donataire, que celui-ci décède sans postérité, et que les choses données se retrouvent en nature dans sa succession.

Nous avons parlé, à la fin du chapitre précédent, de la première condition; nous allons étudier la seconde dans ce chapitre, et l'examen de la troisième fera l'objet du chapitre suivant.

Il ne suffit pas, comme nous venons de le dire, pour que le droit de retour puisse s'exercer, que le donateur ait survécu au donataire; il faut encore que celui-ci soit décédé sans postérité. L'art. 747 ne distingue pas de quel mariage la postérité est issue; il suffit qu'il existe des descendants du donataire pour que la réversion n'ait pas lieu; et ainsi se trouve résolue par les termes de la loi, exclusifs de toute distinction, la question fort controversée autrefois de savoir si la présence d'enfants nés d'un premier mariage faisait obstacle au retour des choses données en vue de favoriser une seconde union. Le texte de la loi est d'ailleurs conforme à la raison :

quoique faite à l'occasion du second mariage, la donation n'en profite pas moins aux enfants du premier lit. Les biens donnés ne sont-ils pas partagés également, au décès du donataire, entre eux et les enfants du second lit? Le père donateur n'a-t-il pas confondu dans sa tendresse et les uns et les autres, et ceux qui étaient déjà nés et ceux qui étaient à naître? C'est du moins la présomption de la loi : si le donateur ne l'accepte pas avec ses conséquences, qu'il stipule le retour. Il faut décider de même, et par les mêmes motifs, lorsque la donation a été faite pour encourager un premier mariage duquel il n'est point né d'enfants, mais qu'à sa mort le donataire en a laissé d'un mariage postérieur.

Il est bien évident que la présence des descendants ne fait pas obstacle au retour lorsqu'ils sont incapables de succéder, lorsqu'ils renoncent à la succession ou qu'ils en sont déclarés indignes. Ils doivent être alors considérés comme n'existant pas : n'est-ce pas, en effet, la même chose, en matière de succession, que le défunt n'ait pas laissé de descendants ou que ceux qu'il a laissés ne soient pas héritiers pour telle ou telle cause? Prendre la loi au pied de la lettre, et dire que l'ascendant donateur serait privé du retour, par cela seul qu'il existerait des enfants du donataire, ce serait aller contre le but que le législateur s'est proposé en édictant l'article 747. D'ailleurs, si ces enfants incapables, indignes ou renonçants ont eux-mêmes des descendants, ceux-ci, bien qu'ils ne succèdent alors que de leur chef, excluent l'ascendant, car celui-ci n'est appelé qu'à défaut de postérité.

A défaut de postérité, disons-nous; mais la loi comprend-elle dans ce mot non-seulement les enfants légitimes, mais encore les enfants naturels et adoptifs? La présence d'un enfant adoptif ou naturel exclut-elle l'ascendant donateur? Les auteurs sont divisés sur ce point; et ici, comme toujours, nous voyons la question décidée d'une manière différente par ceux qui de préférence interprètent la loi par son esprit, et par ceux qui s'en tiennent plus volontiers à sa lettre. Pour ce qui concerne l'enfant adoptif, nous pensons qu'ainsi que l'enfant légitime il doit exclure l'ascendant donateur; car, aux termes de l'art. 350 du Code Napoléon, il a sur la succession de l'adoptant les mêmes droits qu'y aurait l'enfant né en mariage. S'il en était autrement, l'art. 350 serait violé; car il ne serait plus vrai de dire que l'enfant adoptif a les mêmes droits que l'enfant légitime. On objecte que cette solution va directement contre les motifs qui ont fait introduire l'art. 747; que les biens du donateur vont passer aux mains d'une personne qui lui est étrangère; que l'ascendant éprouvera la double perte de son enfant et de ses biens; que sa libéralité sera entravée; que la donation n'a certainement pas été faite en vue de l'enfant adoptif. Ces raisons n'ont pas, ce nous semble, un grand poids : elles donnent à l'idée de la conservation des biens dans la famille une importance qu'elle n'a pas dans l'esprit du législateur; le retour est en effet un droit bien éventuel, bien fragile; le donataire a la libre disposition des biens qu'il a reçus; il peut les aliéner à titre onéreux et à titre gratuit, entre-vifs ou par testament; pourquoi ne pourrait-il pas en disposer par voie d'adoption? Qu'est-ce donc que l'adoption? Ne comprend-elle pas, au nombre des effets

qu'elle produit, la vocation de l'enfant, que le père adoptant se rattache par des liens fictifs de filiation, à l'universalité des biens qui composent la succession? L'enfant adoptif n'est-il pas en quelque sorte, relativement
aux biens de l'adoptant, un légataire universel avec droit
de réserve et de réduction? Quoi! « Je lègue à Paul tous
les biens que j'ai reçus de mon père, » ces mots, écrits
de ma main, datés et signés, suffiront pour empêcher le
retour, et l'adoption, avec ses conditions si nombreuses, ses formes juridiques si longues, n'aurait pas le
même effet! Qu'on ne dise pas que l'ascendant n'avait
pas porté ses prévisions sur ce point; il devait savoir
qu'une adoption était possible, et dès lors que, par une
clause particulière, il ne s'est pas soustrait aux conséquences légales de ce fait, il les a acceptées. Mais,
dit-on, attribuer à l'enfant adoptif les biens donnés, c'est
aller contre la volonté du donateur. N'y a-t-il donc pas
un cas où, forcément et incontestablement, cet enfant
en profitera pour partie? Quand le donataire laissera,
avec cet enfant, un enfant légitime, il faudra bien que
chacun d'eux en ait une part. On nous dit encore que le
mot postérité comprend bien la descendance naturelle
et légitime, mais jamais les enfants adoptifs. Nous re-
poussons cette objection en disant que la question n'est
pas de savoir si l'enfant adoptif est compris dans le mot
postérité, mais de savoir s'il est assimilé à l'enfant légitime qui y est effectivement compris. Cette assimilation,
nous la trouvons dans l'art. 350. Mais, réplique-t-on,
cette assimilation est dangereuse; car, logiquement, vous
devez l'appliquer au cas de retour conventionnel. Nous
répondrons qu'elle n'est pas applicable au retour con-

ventionnel, parce que cette institution et le retour légal
sont, malgré l'identité de leur nom, d'une nature toute
différente. Le retour conventionnel est loin d'avoir la
fragilité du retour légal; il n'est soumis qu'à une seule
condition, tandis que l'autre est soumis à plusieurs,
dont l'accomplissement ou l'inaccomplissement dépend
de la volonté du donataire. En effet, lorsque le donateur
a stipulé le retour en cas de prédécès du donataire sans
enfants, il a préféré celui-ci et ses enfants à lui-même,
mais il s'est préféré à tous les autres; voilà toute l'étendue, toute la portée de la stipulation; il n'a pas à craindre les aliénations faites par le donataire; celui-ci n'a
jamais eu qu'une propriété résoluble, il n'a jamais pu
conférer que des droits résolubles. Aucune des prévisions du disposant n'a pu se porter de ce côté; toutes se
sont dirigées sur le fait du prédécès du donataire sans
enfants, et il n'a pu donner à ce mot que le sens ordinaire et usuel. D'ailleurs, en matière de libéralité, les
conventions ne doivent-elles pas s'entendre dans un sens
restrictif plutôt qu'extensif? En cas de retour légal, il en
est tout autrement : le donateur sait que le prédécès
du donataire sans enfants ne suffit pas; il sait qu'il faut
que les biens se retrouvent en nature; qu'ils pourront
être aliénés à titre onéreux, à titre gratuit, même par
testament; il a pu et dû prévoir que le donataire pourrait
aussi disposer de ces biens par voie d'adoption. En résumé, notre argumentation se réduit à ceci : Le retour
n'a lieu qu'autant que le donataire n'a pas disposé des
choses données; or, en adoptant quelqu'un, il en a disposé au moins indirectement, puisque l'art. 350 accorde
à l'enfant adoptif les mêmes droits sur sa succession

qu'à l'enfant légitime ; donc le retour n'a pas lieu quand le donataire laisse à sa mort un enfant adoptif.

Ce raisonnement s'applique également au cas de reconnaissance d'un enfant naturel, et, sans examiner si le mot postérité s'applique dans le langage de la loi aux enfants naturels aussi bien qu'aux enfants légitimes, nous pouvons dire que la présence d'un de ces enfants met obstacle à l'exercice du retour, du moins dans les limites de l'art. 757. Le donataire, en reconnaissant son enfant naturel, l'appelle à sa succession ; il l'institue en quelque sorte implicitement : il dispose ainsi des biens donnés jusqu'à concurrence de la portion déterminée par le Code, et cette disposition implicite, non déterminée par le donataire, mais déterminée par la loi, doit logiquement faire obstacle au retour, comme toute autre disposition entre-vifs ou testamentaire. Malgré l'avis presque unanime des auteurs, la jurisprudence décide que l'ascendant donateur pourra reprendre les biens donnés, nonobstant la présence d'un enfant naturel; mais il est permis de croire qu'elle n'est pas définitive, car elle ne repose que sur deux arrêts de cassation, l'un du 3 juillet 1832, et l'autre du 9 août 1854. Ce dernier arrêt invoque le texte et l'esprit de la loi ; quant au texte, il soutient que la place de l'art. 747 indique suffisamment que le mot postérité ne comprend pas la descendance naturelle. Quoique ce ne soit pas là le véritable terrain de la discussion, et que nous l'ayons placé ailleurs, nous répondrons que cet argument nous touche peu, car nous savons que c'est à propos des successions déférées aux ascendants que le législateur s'est trouvé naturellement amené à prendre parti pour ou contre l'admission du retour légal. Nous ajouterons que, là où la loi ne distingue pas, nous ne devons pas distinguer, surtout quand cette distinction aurait pour effet l'extension d'une matière aussi exceptionnelle que le retour. Quant aux raisons tirées de l'esprit de la loi, la Cour de cassation dit que, si la survie des enfants légitimes a dû faire obstacle au retour, c'est que l'ascendant donateur est supposé avoir voulu les faire profiter éventuellement de sa libéralité, en les confondant dans l'affection qu'il porte au donataire; que cette présomption appliquée à la descendance naturelle manquerait de vérité. Sans doute, il est probable que le donateur n'a pas prévu le cas; mais ce qu'il a dû savoir, ce qu'il a su, c'est que le retour est un droit d'une extrême fragilité, dont il pouvait être privé par les dissipations du donataire. Si donc il avait voulu s'assurer le retour des objets donnés, il n'avait qu'à le stipuler; s'il ne l'a pas fait, il a accepté d'avance les conséquences légales de l'art. 747, et, parmi ces conséquences, son exclusion partielle de la succession à ces biens par la présence d'un enfant naturel venant à la succession du donataire. La Cour de cassation prétend encore que, d'après notre système, la loi serait illogique. L'art. 351, dit-elle, n'accorde le retour au père adoptant qu'à défaut d'enfants légitimes; celui qui ne peut invoquer que des liens fictifs de paternité sera donc plus avantagé que l'ascendant par le sang, puisque celui-ci sera exclu même par un enfant naturel. Ce résultat ne nous surprend pas, et nous trouvons l'économie de la loi fort raisonnable. Le donataire est-il un enfant légitime, et laisse-t-il un enfant naturel, l'ascendant n'est exclu que pour partie. Il devait en être ainsi; car si, légalement parlant, l'enfant naturel est étranger à l'ascendant donateur, en fait et physiquement ils sont unis, car le même sang coule dans leurs veines. Le donataire est-il, au contraire, un enfant adoptif, et laisse-t-il un enfant naturel, l'ascendant n'est pas exclu, et ne doit pas l'être; car il n'y a pas même entre eux le lien du sang. Bien plus, l'art. 351, loin de nous être défavorable, peut être retourné contre nos adversaires; en effet, il est une preuve évidente que le mot descendants ne signifie pas uniquement dans le sens de la loi, comme ils le prétendent, descendants légitimes; car, s'il en était ainsi, l'épithète de légitime, dont elle se sert dans les art. 351, 913 et 960, serait une redondance inutile. Lors donc que dans l'art. 747 elle emploie le mot postérité, sans en restreindre la portée, elle lui donne le sens compréhensif de toute descendance, prévoyant sans doute que, quelques articles plus bas, elle allait s'occuper des droits successifs accordés aux enfants naturels.

On doit par conséquent, selon nous, sans avoir égard à ces objections, décider que la présence d'un enfant naturel porte atteinte au droit de l'ascendant donateur. Mais il faut remarquer que les droits de succession que le Code Napoléon a donnés aux enfants naturels sont moins étendus que ceux dont jouissent les enfants légitimes; aussi, l'existence d'un enfant naturel doit-elle, ainsi que nous l'avons déjà dit précédemment, porter une atteinte moins forte au droit de retour que celle d'un enfant légitime; le droit de retour ne sera diminué que pour la portion que prend l'enfant naturel. Cette portion varie selon les personnes avec qui il est en concours.

Quand il y a succession anomale, il est en présence d'un ascendant; l'enfant naturel a droit alors à la moitié de ce qu'aurait un enfant légitime : il prendra donc la moitié des biens donnés, et l'autre moitié retournera à l'ascendant donateur.

Lorsque le donataire est mort sans postérité légitime, adoptive ou naturelle, le retour a lieu; mais s'il a laissé des enfants, et que ceux-ci décèdent avant le donateur, sans en laisser leur tour, le droit de retour pourra-t-il être exercé? Nous avons vu dans l'ancien droit combien cette question était diversement résolue. Dans les pays de coutume, elle était généralement tranchée en faveur de l'ascendant; dans les pays de droit écrit, les auteurs et la jurisprudence variaient tellement que la Cour suprême a pu décider, avant la promulgation du Code Napoléon, que les interprétations en sens contraire, que les tribunaux donnaient des lois romaines sur cette question, ne pouvaient donner lieu à cassation. La controverse subsiste encore sous l'empire du Code, grâce à la résistance qu'ont opposée quelques auteurs, trop pénétrés des principes coutumiers, à la solution donnée par une jurisprudence constante et la majorité des auteurs. Quant à nous, il nous paraît certain que le retour n'a pas lieu dans l'hypothèse qui nous occupe. Quel est, en effet, le sens que présente l'art. 747 à la première lecture? C'est à celui-là qu'il faut s'en tenir, car c'est vraisemblablement celui-là qu'avait en vue le législateur. Ces mots : « l'ascendant succède aux choses par lui données à ses « enfants ou descendants morts sans postérité, » veulent dire simplement que l'ascendant succède aux choses par lui données à ses enfants morts sans postérité, que l'as-

cendant succède aux choses par lui données à ses descendants (autres que ses enfants) morts sans postérité.
Les lire autrement, ce n'est plus, ce nous semble, inter-
préter la loi, c'est la faire; et cependant quelques auteurs
ne se font pas scrupule de donner à l'art. 747 le sens
qu'il aurait s'il était ainsi conçu : « L'ascendant succède
« à ses enfants ou descendants, morts sans postérité,
« dans les choses qu'il leur a données. » A quel titre,
d'ailleurs, l'ascendant succède-t-il? Il succède en qualité
de donateur, il succède à son donataire, il succède aux
choses par lui données. Dans l'espèce, pourra-t-il invoquer, vis-à-vis des petits-fils décédés sans postérité, la
qualité de donateur? Non, il ne leur a rien donné. Les
choses qui se retrouvent en nature dans la succession
du petit-fils, y sont-elles comme choses données? Non,
elles y sont entrées par dévolution. Le descendant ne les
a recueillies qu'à titre successif, et non à titre de donation; du chef du donataire, et non de celui du donateur :
s'il avait renoncé à la succession, il n'aurait rien recueilli
des biens donnés. Dès lors l'art. 747 est inapplicable.
Sans doute, ce résultat pourra être dur dans telle hypothèse donnée; mais il ne faut pas regarder le résultat
partiel d'une règle pour en juger la valeur. On objecte,
il est vrai, que le petit-fils peut être considéré comme
donataire, car l'aïeul a, sans aucun doute, entendu le
comprendre dans sa libéralité. Nous répondrons qu'il est
bien évident que c'est à titre d'héritier et non de donataire, que le petit-fils a recueilli les biens donnés. Qui
oserait dire, en effet, qu'ils peuvent lui être enlevés pour
cause d'ingratitude? D'ailleurs, nous sommes ici en présence d'une donation entre-vifs; en effet, le retour ne

saurait être applicable aux biens donnés par testament ou par institution contractuelle, puisque ces biens ne passent au donataire que par le prédécès du disposant. Les biens donnés se partageront donc indistinctement, à la mort du donataire, entre les enfants conçus à l'époque de la donation et ceux qui ne l'étaient pas. Dira-t-on que ces derniers les recueillent à titre de donataires? On ne peut aller jusque-là; car, pour recevoir entre-vifs, il faut être conçu au moment de la donation. On apporte encore contre nous un argument tiré de l'art. 352. L'adoptant, dit-on, reprend les biens qu'il a donnés dans la succession des enfants de l'adopté morts sans postérité; il doit en être de même pour l'ascendant légitime donateur. Non, répondons-nous, par une raison bien simple. L'adoptant, s'il n'avait ce retour, verrait, dans tous les cas, les biens dont il a enrichi l'adopté et sa descendance passer à des étrangers : l'aïeul, au contraire, est appelé éventuellement à la succession ordinaire du petit-fils; il a l'espoir de recueillir les biens donnés, au moins pour partie, sauf le cas où il serait primé par des héritiers préférables, c'est-à-dire par des frères ou sœurs du donataire, qui sont d'autres petits-enfants; en tous cas, les biens ne sortent pas de la famille, et il a l'éventualité de les recueillir dans la succession de ces descendants, s'ils viennent euxmêmes à mourir avant lui sans postérité. Ce qui prouve d'ailleurs que le retour de l'art 352 n'est pas réglé de la même manière que celui de l'art. 747, c'est que le premier appartient aux enfants du père adoptif décédé avant l'adopté, tandis que le second n'est accordé qu'à l'ascendant donateur seul. Rappelons enfin que la succession anomale est une matière exceptionnelle qu'il ne faut pas, dans le doute, entendre d'une façon extensive.

Remarquons, en terminant, que si les biens donnés étaient parvenus au petit-fils en exécution d'une substitution, ce petit-fils serait réellement un donataire vis-à-vis de son aïeul, et il pourrait alors y avoir lieu au retour en faveur de ce dernier.

CHAPITRE V.

QUELLES CHOSES COMPREND LA SUCCESSION DE L'ASCENDANT DONATEUR.

Étudions maintenant la troisième condition que la loi met à l'exercice du retour, que les objets donnés se retrouvent en nature dans la succession du donataire.

Nous avons déjà vu que les seuls biens auxquels s'applique le droit de retour légal sont les biens qui ont fait l'objet d'une donation dite de biens présents entre-vifs. Quant aux donations dont il s'agit dans les art. 1082, 1084 et 1086 du Code Napoléon, le retour en est réglé d'une manière différente par l'art. 1089. La mort du donataire n'ouvre plus alors un droit de retour à titre de succession, elle rend ces donations caduques.

Peu importe, d'ailleurs, la manière dont a pu être faite la donation, par contrat de mariage, par partage d'ascendants, sous forme de donation entre-vifs, à titre d'avancement d'hoirie ou par préciput. Le droit de retour s'appliquera également aux choses données comme présents d'usage et qui, à ce titre, ne sont pas soumises au rapport. Si l'art. 852 les affranchit du rapport, c'est que dans

cette matière on n'envisage guère que la valeur pécu-
niaire des choses; mais ici l'art. 747 ne fait aucune distinction, et l'intérêt d'affection que peut avoir le donateur
à reprendre un semblable objet suffit pour légitimer le
droit de retour. Il faudra encore appliquer l'art. 747 aux
donations indirectes, déguisées ou manuelles, lorsqu'elles seront prouvées ; mais cet article ne recevrait
pas d'application s'il était reconnu que la donation n'é-
tait qu'apparente et qu'elle cachait un contrat à titre
onéreux. Enfin, le droit de retour s'applique à tous les
biens corporels ou incorporels, meubles ou immeubles.
D'après le droit commun des pays coutumiers, les meubles n'étaient pas soumis au retour; mais la généralité
des expressions de l'art. 747 ne permet plus de distinguer,
et, quelle que soit la nature des choses données, pourvu
que ces choses se retrouvent en nature, le retour doit
avoir lieu.

En effet, d'après le premier alinéa de l'art. 747, le retour ne peut s'exercer que sur les *objets donnés qui se retrouvent en nature*. La même idée est reproduite, avec les
mêmes termes, dans l'art. 351, qui établit au profit de l'a-
doptant le retour des choses qui *existeront en nature* au
décès de l'adopté, et dans l'art. 766, qui accorde aux frères et sœurs légitimes de l'enfant naturel le retour des
biens donnés par leur père ou mère, lorsque ces biens
se retrouvent en nature. Ces expressions dont la loi se sert
nous indiquent suffisamment que l'ascendant donateur
doit respecter les aliénations partielles comme les aliénations totales des biens donnés. Par conséquent, de même
qu'il ne peut rien reprendre au cas d'aliénation totale, de
même, au cas d'aliénation partielle, il ne reprendra que

la propriété amoindrie par les droits de servitude, d'usufruit ou d'hypothèque qui la grèvent du chef du donataire. Les aliénations à titre gratuit doivent être aussi
bien respectées que les aliénations à titre onéreux : les
dispositions testamentaires elles-mêmes suffisent, ainsi
que nous allons le voir, pour détruire le droit de l'ascendant donateur.

Nous allons examiner d'abord dans quel cas les biens
donnés *se retrouvent ;* nous verrons ensuite ce qu'on doit
entendre par les mots *en nature*.

On ne doit pas considérer comme existant dans la succession les biens dont le donataire a disposé par testament. Le droit de retour ne peut, en effet, s'exercer, ainsi
que l'indique la place que l'art. 747 occupe dans le Code
Napoléon, qu'à titre de succession *ab intestat*. L'ascendant
se borne à prendre ce qui est libre dans les biens laissés
par le défunt. Les expressions *succèdent à l'exclusion de
tous autres*, qu'emploie l'art. 747, n'ont pas pour but
d'empêcher l'effet des dispositions testamentaires qu'a
pu faire le donataire, mais seulement de décider la question agitée autrefois, de savoir si, pour avoir droit au retour, l'ascendant devait être appelé à la succession ordinaire. Dans les pays coutumiers, où le retour n'était
également qu'un droit successif, il était généralement
reconnu que l'ascendant ne pouvait l'exercer au préjudice
des dispositions testamentaires. D'ailleurs, on ne peut
pas dire que les biens dont le défunt a disposé par testament se retrouvent réellement dans la succession ouverte
au profit des héritiers *ab intestat*, puisque, d'après les articles 711 et 1014, le légataire a un droit à la chose lé-
guée dès le moment de la mort du testateur. Ces biens ne

font donc plus partie de la succession *ab intestat*, que
l'art. 747 réglemente seul. Si l'objet légué se trouve encore dans la succession, c'est en quelque sorte à titre de
dépôt; or, si on prétendait reprendre, en vertu du droit
de retour, dans la succession du donataire un objet dé-
posé, on serait infailliblement repoussé. Où seraient ici
les motifs d'une solution différente? L'art. 747, d'ailleurs,
établit un droit de succession *ab intestat*; et n'est-il pas
de règle que la succession *ab intestat* cède le pas à la succession testamentaire, sauf le cas de réserve? Or, nous
verrons plus loin que l'ascendant donateur n'en a point
à ce titre. Le droit de retour légal ne peut donc s'exercer
sur les biens légués.

On ne doit pas non plus, suivant nous, accorder le retour pour les choses qui ont été l'objet de la donation,
mais qui ne se retrouvent dans le patrimoine du donataire, à sa mort, qu'après avoir perdu le caractère particulier dont elles étaient originairement revêtues. Ainsi,
les biens donnés, après avoir été aliénés par le donataire,
lui sont revenus à titre nouveau, par exemple, par suite
d'achat, de donation ou de succession : comme ils ne se
retrouvent plus avec la qualité de biens donnés, ils ne
sauraient être soumis à l'exercice du droit de retour. En
effet, par l'aliénation du donataire, ce droit a été éteint;
un acte postérieur, étranger à l'ancien donateur, ne saurait
créer un droit de succession en sa faveur. Cette opinion
est, d'ailleurs, conforme à l'ancien droit commun des
coutumes. Sans doute, nous dit-on, dans cette question,
l'ancien droit décidait ainsi ; mais c'est parce qu'il s'agis-
sait là d'une succession aux propres, et que le bien une
fois aliéné perdait définitivement sa qualité de propre.

Or, il n'y a plus aujourd'hui de motifs pour conserver cette décision de l'ancien droit : nous n'avons plus à distinguer les propres et les acquêts, même pour régler la succession établie par l'art. 747 ; du moment que les choses données se retrouvent en nature, cela suffit. Et pourquoi, dans cette hypothèse, refuser le retour à l'ascendant? Le législateur a sans doute diminué l'exercice de ce droit, mais dans l'intérêt des tiers seulement. Tout ce qu'il veut, c'est éviter les évictions, les dépossessions, toujours si fâcheuses pour les tiers acquéreurs. Ici, nulle crainte semblable : dès lors, point d'obstacle au droit de retour. Nous répondrons à ceux qui soutiennent ce système qu'ils ne remarquent pas que, pour s'attacher littéralement à une partie de l'art. 747, ils en violent ouvertement une autre. La loi exige, en effet, pour permettre le retour, qu'il s'agisse d'objets donnés. Or, dans l'espèce, l'objet n'est plus donné ; il a perdu cette qualification, et c'est à un tout autre titre qu'il se trouve dans la succession du *de cujus*. C'était là le raisonnement fort concluant de nos anciens auteurs. A leurs yeux, il n'y avait plus de propres (sans doute, cela nous importerait peu); mais cette qualité de propres n'était perdue que par suite de l'impossibilité de qualifier ces objets du nom de biens donnés (ce qui nous importe toujours). Cette décision s'explique naturellement, si l'on remarque que ce droit de succession n'a été créé qu'en considération de l'origine des biens ; cette origine étant effacée, le droit de retour n'a plus de raison d'être. Il est enfin une hypothèse dont les partisans du système contraire ne peuvent se tirer : c'est celle où, après la donation faite par un ascendant à son descendant, le bien donné ayant été aliéné par ce dernier et étant venu à tomber plus tard entre les mains d'un autre ascendant, serait donné par celui-ci à son descendant. Il est impossible à ceux qui suivent ce système de nous dire, dans ce cas, qui pourra exercer le droit de retour légal, les deux ascendants du donataire ayant alors les mêmes titres. Dans notre système, au contraire, nul doute que le droit de retour n'existe qu'au profit du dernier donateur. Il ne suffit donc pas que les biens qui ont été donnés se retrouvent dans la succession du donataire; il faut encore que ces biens s'y retrouvent au même titre, c'est-à-dire comme biens donnés.

Examinons maintenant ce qu'on doit entendre par les mots : « en nature » qu'emploie l'article 747, et qui ont été reproduits dans les articles 351 et 766. Faut-il dire, en s'en tenant scrupuleusement aux termes de l'article 747, que le législateur n'a voulu accorder le retour que dans les cas où les objets qui ont été donnés se retrouvent identiquement les mêmes, sauf dans les deux exceptions que le législateur pose expressément à la fin de cet article? ou bien peut-on, en interprétant l'intention du législateur, décider que le retour aura lieu, même si les objets donnés ne se retrouvent plus identiquement, mais sont représentés par d'autres qui peuvent être considérés comme les remplaçant? Le laconisme de la loi a amené des controverses nombreuses sur ce point. Les auteurs qui se sont occupés de cette question sont loin d'être d'accord entre eux. Ceux même qui adoptent les mêmes principes pour résoudre les questions qui se présentent n'en adoptent pas également toutes les conséquences. La jurisprudence n'est pas non plus uniforme; elle fournit à cet égard des décisions qui sont difficiles à concilier entre elles.

Pour éviter toute confusion, nous traiterons séparément les questions qui s'élèvent : 1° pour le retour des donations de corps certains ; 2° pour le retour des donations de choses fongibles.

Donations de corps certains. — Que faut-il pour que le droit de retour de l'ascendant donateur d'un corps certain puisse s'exercer, lorsque, d'ailleurs, les autres conditions nécessaires à l'ouverture de son droit sont accomplies ? La réponse paraît bien simple au premier abord : il faut, selon la première partie de l'article 747, que l'objet donné se retrouve en nature, c'est-à-dire, selon nous, identiquement le même.

Ces mots ne sont pas toujours entendus ainsi. D'après un système soutenu par un grand nombre d'auteurs, le retour doit avoir lieu toutes les fois que l'objet donné se retrouve lui-même ou bien représenté dans la succession du donataire. C'est ainsi que, selon Malleville, le droit de retour doit toujours avoir lieu, excepté seulement lorsque l'objet a péri entre les mains du donataire ou a été dissipé par lui sans emploi utile. Dans tous les autres cas il y a, d'après cet auteur, présomption que l'objet donné se retrouve par équivalent dans la succession, et cette présomption lui suffit. Mais n'est-ce pas là substituer à la règle de l'article 747 une règle tout à fait contraire ?

Delvincourt et Chabot admettent aussi que le retour doit avoir lieu pour les objets qui représentent dans la succession la chose donnée, mais ils ne veulent pas que l'on présume la représentation de cette chose. Ils exigent que le donateur fournisse la preuve que les objets trouvés dans la succession sont bien la représentation de ceux qui ont été donnés.

On présente les raisons suivantes à l'appui de ce système. Le Code Napoléon, comme nous le verrons plus loin, accorde à l'ascendant, dans la seconde partie de l'article 747, le droit de succéder même au prix de l'objet vendu, *si toutefois ce prix est encore dû*. Quel peut être, dit-on, le motif de cette dernière condition, sinon que la loi n'a voulu accorder ce droit de succession à l'ascendant donateur qu'autant que l'objet donné ou le prix qui le représente n'est pas confondu avec les autres biens de la succession ? La loi admet donc la subrogation réelle dans cette espèce de succession, sous cette seule condition qu'il n'y aura pas confusion : pourquoi ne l'admettrait-on pas à l'égard de l'objet reçu en échange, qui peut être regardé comme le prix de l'aliénation ? A quel résultat bizarre n'arriverait-on pas, ajoutent les auteurs cités plus haut, si on refusait le retour pour les objets qui représentent l'objet donné ! On accorderait, d'après la seconde partie de l'article 747, le retour pour une créance remplaçant l'objet vendu, et on le refuserait pour toute autre chose reçue en échange !

A cet argument on peut répondre qu'il y a deux raisons pour décider différemment dans le cas d'échange et dans celui de vente, lorsque le prix est encore dû. La première est celle-ci : en cas de vente, le donataire vendeur de l'objet donné a l'action en résolution tant que le prix n'est pas payé. Si, par suite de l'exercice de cette action, le bien donné revient dans la succession du donataire, l'ascendant aura droit au retour. C'est donc parce que, par l'effet de cette action, le bien donné peut rentrer en nature dans la succession du donataire, que l'on accorde, dans ce cas, le retour à l'ascendant donateur. Mais, nous objecte-t-on, si l'acheteur avait obtenu du donataire une renonciation à son droit de résolution, ce motif n'existerait plus. Cela est vrai ; mais cette renonciation est si rare, le vendeur a tant d'intérêt à ne pas la faire, l'acheteur en a si peu à la demander, qu'il est vraisemblable de supposer que le législateur a raisonné *de eo quod plerumque fit,* et que cette hypothèse particulière assez rare ne s'est pas présentée à son esprit.

Le seconde raison qu'on peut donner de la différence établie entre le cas de vente et celui d'échange accompli du bien donné est que, dans le droit romain et même, d'après Pothier, dans la jurisprudence de son temps, le vendeur restait propriétaire jusqu'au payement ; il est très-possible que les rédacteurs du Code, en accordant le retour pour le prix encore dû, aient été sous l'influence de ces idées. Comment comprendre, d'ailleurs, que le législateur, après avoir établi de la manière la plus évidente qu'il exige la présence en nature des objets donnés, décidât immédiatement le contraire en admettant la subrogation réelle, en permettant le retour d'une chose à la place d'une autre ? La contradiction serait trop manifeste pour qu'il en fût ainsi. Le second alinéa de l'article 747 n'est qu'une conséquence de la règle établie dans le premier ; il en montre et en détermine l'étendue. C'est, en effet, dans ce but que le projet fut renvoyé à la section pour y subir des modifications inspirées par les réflexions qu'il avait provoquées de la par des conseillers d'Etat. On était unanimement d'accord sur la nécessité d'exiger la présence des biens en nature ; on en fait l'objet d'une disposition ; mais quelle en sera la portée ? Dira-t-on que les biens se retrouvent en nature quand ils ont été aliénés et que le prix en est encore dû ? La question pouvait présenter quelque doute ; elle est tranchée. L'aliénation, d'après le premier alinéa de l'article 747, ne fait obstacle au retour que quand elle est complète et irrévocable : or, quand le prix est encore dû, l'aliénation n'est pas définitive, puisque, à défaut de payement du prix, le donataire vendeur peut, au moyen de l'action en résolution, recouvrer la chose vendue ; peut-être aussi, comme nous l'avons vu plus haut, les souvenirs du droit romain, d'après lequel l'acheteur ne devenait propriétaire qu'après le payement du prix, ont-ils influé sur cette solution.

Mais les partisans du système que nous combattons n'argumentent pas seulement, pour accorder le retour de l'objet qui représente la chose donnée, de la disposition qui l'accorde pour le prix encore dû : ils trouvent un nouveau motif de la décision qu'ils donnent, dans la disposition qui accorde le retour de l'action en reprise. D'après eux, on doit regarder cette dernière disposition du législateur comme renfermant l'esprit de la loi, et il faudrait accorder le retour dans tous les autres cas pour l'équivalent de l'objet donné, puisqu'il n'y a, entre les cas non prévus et celui qui l'a été, aucune raison d'une décision différente. On ajoute encore, à l'appui de cette doctrine, que les termes mêmes de la première partie de l'art. 747 ne sont pas un obstacle à cette interprétation. En effet, la première rédaction de cet article était ainsi

conçue : « Les ascendants succèdent toujours et à l'ex-
« 'clusion de tous autres aux choses par eux données à
« leurs enfants ou descendants, lorsque les donataires
« sont décédés sans postérité. » L'article ne demandait
pas que l'objet donné se retrouvât en nature; il ne par-
lait pas du prix encore dû, ni de l'action en reprise.
Dans la discussion au conseil d'Etat, ces seules hypothèses se présentèrent à l'esprit des rédacteurs; ils ad-
mirent le retour dans tous ces cas successivement. Le
second alinéa ne fait donc pas exception au premier; il
énumère seulement des cas différents de ceux d'abord
prévus. On ne doit pas conclure qu'en citant les hypothèses les plus ordinaires, le législateur ait voulu exclure
toutes les autres pour lesquelles il y a absolument les
mêmes motifs d'accorder le retour. Il faut, au contraire,
accorder ce droit pour tout objet de la succession provenant directement ou indirectement de la donation. Ce
système est adopté par beaucoup d'auteurs.

Nous ne croyons pas cependant qu'on doive admettre
cette doctrine. Il nous semble impossible de faire plier
le texte à l'interprétation précédente. Comment penser
que les rédacteurs, voulant rendre cette pensée qu'on
leur suppose, l'ascendant donateur reprendra tout ce qui,
dans le patrimoine du donataire, provient de sa donation, aient employé les termes qu'on trouve dans l'article 747? On ne peut voir dans les expressions : « Choses
données qui se retrouvent en nature, » une erreur de
rédaction; car elles sont reproduites dans les art. 351 et
766. Lorsque le législateur veut accorder un drcit sur
des biens acquis en remploi, il le dit clairement. C'est
ainsi qu'il est déclaré dans l'art. 132 que l'absent dont

l'existence a été reconnue pourra réclamer les biens provenant de l'emploi de ceux de ses biens qui ont été aliénés. En second lieu, la disposition qui accorde à l'ascendant l'action en reprise ne nous paraît pas avoir un effet aussi étendu que celui que lui attribuent nos adversaires. Nous pensons, ainsi que nous l'exposerons plus loin, que la loi a voulu seulement accorder à l'ascendant donateur les actions qui compéteraient aux héritiers ordinaires pour reprendre les biens donnés. Enfin, quant à l'argument tiré de la rédaction de l'art. 747, nous nous bornerons, pour le combattre, à nous référer à ce que nous avons dit précédemment à ce sujet, c'est-à-dire que cet article ne fut soumis à une nouvelle rédaction que dans le seul but de mieux déterminer la nature et l'étendue de ses dispositions. Au surplus, l'ensemble de l'art. 747 suffirait pour prouver la fausseté du système que nous combattons. En effet, parmi les extensions qu'on donne à la loi en soumettant au retour les objets qui représentent les choses données, il en est une qui n'est pas conciliable avec la fin de cet article. Si le bien donné est vendu, son prix est reversible à sa place; si ce prix est employé à l'achat d'un autre bien, ce bien serait également reversible. Mais alors, si tout ce système ressort du reste de l'article, pourquoi le législateur aurait-il fait une disposition spéciale pour le cas où le prix est encore dû? N'est-ce pas là une preuve que le retour ne serait pas possible si le prix avait été payé? Les considérations d'équité pour assimiler l'objet qui représente la chose donnée à cette chose elle-même ne nous semblent pas suffisantes pour assujettir cet objet au retour. Le législateur a très-bien pu être arrêté par le grand nombre des difficultés qui naîtraient sur la question de fait. Enfin, si l'on hésitait malgré toutes les raisons que nous venons de développer, dans le doute il faudrait encore, selon nous, hors les deux hypothèses prévues par la fin de l'art. 747, refuser le droit de retour à l'égard des choses qui représentent l'objet donné. La succession anomale est, en effet, une exception aux règles ordinaires des successions, et les exceptions doivent être interprétées d'une manière restreinte.

Donations de choses fongibles. — Quand la donation a pour objet des choses fongibles, il y a une difficulté de plus que lorsque la donation porte sur des corps certains, parce qu'il semble presque impossible au premier abord que le retour puisse jamais avoir lieu, si on ne l'admet pas pour les choses qui représentent l'objet donné. Nous pensons cependant qu'on ne doit pas plus admettre cette extension du droit de retour pour les choses fongibles que pour les corps certains. Une donation de choses fongibles est le don d'objets considérés comme genre, et non individuellement, qui, dans l'intention des parties, peuvent parfaitement être remplacés par une égale quantité d'objets de même espèce. Ainsi, la donation d'une somme d'argent sera presque toujours une donation de choses fongibles, parce que le donateur, comme le donataire, n'y verront le plus souvent que la donation d'une valeur monétaire, et non de certaines pièces d'argent. Nous avons décidé, pour les corps certains, que les choses données ne se retrouvaient en nature que quand les objets étaient identiquement les mêmes : ce qui a été donné, en effet, c'est tel objet individuellement. Pour les choses fongibles, comme ce ne sont pas des objets particuliers qui ont été donnés, mais des quantités, il n'est pas nécessaire, pour accorder le retour, qu'on retrouve les mêmes objets qui composaient ces quantités, mais seulement ces quantités en nature, selon l'art. 747, c'est-à-dire identiquement les mêmes. Ce qui a été donné est une valeur d'une certaine espèce, il faut que l'on retrouve cette valeur de même espèce, c'est-à-dire non transformée, et que ce soit bien la même ; mais il importe peu que les objets formant cette valeur soient remplacés par d'autres. Montrons cela par des exemples. Supposons la donation d'une somme d'argent, chose fongible par excellence ; quand le retour devra-t-il avoir lieu ? 1° D'abord, cas qui ne présente aucune difficulté, lorsque les pièces de monnaie mêmes qui ont été données se retrouvent au décès : il n'est pas alors besoin d'invoquer la qualité de chose fongible, puisqu'on retrouve identiquement les mêmes objets qui ont été donnés ; 2° quand la somme donnée se retrouve dans la succession, bien que les écus qui la composaient primitivement aient été confondus avec d'autres et aient été remplacés par une autre espèce de monnaie : par exemple, au lieu d'argent, on trouve de l'or ; mais il est certain que la valeur donnée par l'ascendant n'a pas été consommée par le donataire. Nous accordons encore ici le droit de retour à l'ascendant, quoique la valeur trouvée dans la succession ne soit plus composée des mêmes pièces que celles qui avaient été données. La décision serait la même si l'on retrouvait des billets de banque, parce qu'ils font chez nous office de monnaie.

Mais nous pensons qu'on ne doit pas aller plus loin, comme le font plusieurs auteurs ainsi que la jurisprudence, parce que, n'étant plus soutenu par un principe, nous serions entraîné, si nous tenons à être conséquent, à accorder le retour pour l'équivalent des choses données; ce que nous avons démontré contraire à la loi. Ainsi, nous refuserons le retour : 1° lorsque la valeur retrouvée est bien le produit de la donation, mais qu'elle n'est plus de même espèce, c'est-à-dire qu'elle a été transformée en d'autres objets qui ne sont pas fongibles avec les objets donnés; 2° s'il n'est pas prouvé que la valeur retrouvée dans la succession soit la même que celle qui a été donnée, c'est-à-dire provienne de la donation, quand même elle serait de même espèce. Par exemple, un ascendant a donné à son fils, qui venait d'acheter un fonds de commerce, une somme de 10,000 francs, sans stipuler le retour; plusieurs années après, ce fils meurt, laissant dans sa succession une égale somme en argent; il est certain, en fait, que la somme donnée par l'ascendant a été transformée bien des fois; on ne retrouve donc pas en nature la chose donnée elle-même : aussi, selon nous, le retour ne doit pas avoir lieu.

D'autres systèmes existent sur le retour des donations de choses fongibles. Dans un premier système, le retour des choses fongibles doit toujours avoir lieu lorsqu'on retrouve dans la succession des objets de même nature que ceux donnés. Il suffit à Chabot, qui soutient cette doctrine, que ces objets soient de même nature; il n'exige pas, comme pour les corps certains, que ces objets proviennent de la même cause, c'est-à-dire de la donation, et représentent les objets donnés. Il décide que la réversion a lieu également, soit lorsque la donation a été faite en numéraire et qu'il se retrouve dans la succession au moins pareille somme en numéraire, ou en créances ou en effets publics; soit lorsque la donation ayant été faite en billets, créances, effets publics, il se trouve dans la succession ou d'autres billets ou créances pour une somme au moins égale; parce que, dans chacun de ces cas, la somme, la créance ou l'effet public existant dans la succession sont des somme, créance, effet public de même valeur. Un grand nombre d'auteurs ont adopté cette opinion. Merlin la déclare vraisemblable, au moins pour les donations de sommes d'argent, lorsqu'on retrouve également des sommes d'argent dans la succession du donataire; il hésite, lorsqu'il y a eu transformation d'une somme d'argent en une créance, ou d'une créance en une somme d'argent ou en une autre créance. Plusieurs arrêts accordent aussi le retour dans l'hypothèse dont il s'agit. Ils se sont fondés sur ce que la loi, en exigeant que les choses données se retrouvent en nature, ne demande pas que les objets soient identiquement les mêmes; autrement, les dispositions de l'art. 747, lorsque les choses données consisteraient en une somme soit en espèces métalliques, soit en effets commerciaux, seraient illusoires : le retour ne pourrait presque jamais avoir lieu; cependant il est avantageux d'encourager les libéralités des ascendants. Ces motifs sont plutôt une critique qu'une interprétation de la loi. Les conséquences de la doctrine adoptée par la Cour de cassation sont de rendre le retour presque inévitable, lorsque la donation consistera en argent ou en objets que Chabot y assimile. En effet, si avec les valeurs données le donataire a acheté des biens, d'après le principe admis par Chabot, que le retour a lieu pour les objets qui représentent les choses données, il y aura réversion. Si le donataire a dissipé les valeurs, il suffira qu'il s'en retrouve d'autres en numéraire ou qui soient assimilées au numéraire, pour que le retour puisse s'exercer.

Dans un second système, on admet pareillement le retour des donations de choses fongibles, comme celui des corps certains, pour les objets qui représentent les choses données; mais on exige que ce caractère de représentation ne soit pas douteux.

Nous avons adopté un système contraire. Nous avons décidé que, pour le retour des choses fongibles comme pour celui des corps certains, la chose donnée devait se retrouver en nature, c'est-à-dire être de même espèce et provenir de la donation. Rappelons toutefois que, dans les donations de choses fongibles, la chose donnée est une quantité, une valeur d'une certaine espèce, et non la réunion de certaines choses individuelles. Il nous paraît impossible que la loi ait admis la représentation des choses fongibles, telle qu'on l'entend dans les deux autres systèmes; l'intention contraire du législateur nous semble évidente, puisqu'il exige que les objets donnés se retrouvent en nature dans la succession. Mais, dit-on, ils se retrouvent en nature, puisque, pour ces sortes de choses, le genre tient lieu de l'espèce. Nous repousserons cette objection en faisant remarquer que, s'il était vrai qu'il en fût ainsi, l'art. 747, qui accorde le retour du prix non encore payé, parce que, dit-on dans le système que nous combattons, ce prix est subrogé à la chose donnée tant qu'il n'est pas confondu dans le patrimoine du donataire, l'accorderait aussi, même pour le prix payé, puisque l'argent, étant chose fongible, se retrouverait toujours et nécessairement en nature par cela seul qu'il y aurait dans la succession une somme équivalente. Puis, comment concevoir cette contradiction? L'argent donné par l'ascendant serait fongible, et nécessairement se retrouverait toujours en nature, tandis que l'argent provenant de la vente d'une chose par lui donnée ne le serait pas ! On objecte que, dans notre système, le retour des sommes d'argent n'aura jamais lieu. Il est vrai que rarement l'argent se trouvera en nature; mais cela n'est pas impossible. Lebrun cite un cas où le retour aura évidemment lieu : c'est quand l'ascendant n'aura pas encore payé la somme par lui promise. L'argent peut aussi se retrouver avec un bordereau constatant qu'il est identiquement le même que celui que le donateur a reçu. Les limites un peu étroites dans lesquelles se trouve renfermé le droit de l'ascendant sont la conséquence de ce qu'on n'a pas fait de l'ascendant donateur un créancier de quantités, comme le prêteur, mais un héritier appelé à succéder à des choses identiquement et taxativement les mêmes. Chercher à étendre ces limites, c'est se perdre dans des difficultés infinies pour arriver fatalement à cette formule de Malleville : « Le retour doit toujours « avoir lieu, excepté quand la chose donnée a péri dans « la main du donateur ou a été aliénée par lui sans em- « ploi utile. »

Une difficulté se présente ici. Lorsqu'une somme d'argent a été donnée, si elle a été prêtée par le donataire, le retour aura-t-il lieu pour la créance? On peut dire que l'on ne doit pas plus accorder le retour de la créance que celui de tout autre équivalent, car la créance n'est pas la même chose qu'une valeur monétaire. Mais on répon-

drait que la valeur donnée, la somme d'argent, existe
toujours dans le patrimoine du donataire, puisqu'elle
n'a été que prêtée ; que le remboursement ne sera qu'une
restitution ; que la créance n'est qu'une action en reprise
de la même somme. Aussi pensons-nous que le retour
de la créance de la somme qui fait l'objet de la donation
doit être accordé.

Nous avons expliqué jusqu'ici la règle posée par la
première partie de l'art. 747 : pour être soumises au retour, il faut que les choses données se retrouvent en nature dans la succession du donataire. Le législateur a
cru devoir apporter deux exceptions à cette règle : elles
sont indiquées en ces termes dans le second alinéa de
cet article : « Si les objets ont été aliénés, les ascendants
« recueillent le prix qui peut en être dû. Ils succèdent
« aussi à l'action en reprise que pouvait avoir le dona-
« taire. »

L'ascendant peut donc reprendre le prix de la chose
donnée tant qu'il n'a pas été payé. Nous avons vu précédemment quels pouvaient être les motifs de cette exception. Si on ne l'eût pas admise, le droit de l'ascendant
eût été, sauf le cas très-rare de renonciation au droit de
résolution, à la discrétion de l'héritier du donataire.
L'ascendant donateur aurait eu la réversion si l'héritier
avait exercé l'action en résolution ; mais si ce dernier
avait poursuivi l'acheteur en usant du privilége du vendeur, ce qu'il n'aurait sans doute pas manqué de faire,
l'ascendant n'aurait pu succéder aux choses par lui données. De plus, les rédacteurs du Code Napoléon étaient
habitués à ne pas regarder la vente comme définitive
jusqu'au payement du prix. On comprend donc que l'as-

cendant ait droit au prix non encore payé de l'objet donné; peu importe que ce prix soit en argent ou en denrées; tout ce que la loi exige, c'est que ce prix ne soit pas payé. Ainsi, en ce qui concerne le prix, le retour n'a lieu que pour ce qui est encore dû. Rien n'a-t-il été payé; le retour aura lieu pour le tout. Y a-t-il eu des à-compte; le retour ne pourra exercé que pour le reliquat. L'acheteur s'est-il déjà libéré complétement; l'ascendant n'a plus rien à prétendre sur la succession du donataire.

Que dire quand l'objet donné a été aliéné moyennant une rente perpétuelle ou viagère? Nous croyons que, dans ce cas, il ne peut y avoir de droit de retour. En effet, dès que le droit de rente est établi et entré dans le patrimoine du donataire, l'aliénation est définitive, et l'objet donné est remplacé par le droit aux arrérages. On se trouve donc en dehors des termes de l'art. 747, et l'on ne pourrait accorder le retour de la rente à l'ascendant que si l'on admettait le retour pour l'équivalent de la chose donnée.

La seconde hypothèse, dans laquelle la loi fait exception au principe général qu'elle a d'abord établi, est celle où le donataire avait une action en reprise. On ne saurait vraiment dire que ce soit là une brèche qu'elle fait dans ce cas à son système. En effet, qu'est-ce que l'action en reprise, sinon le moyen de faire revenir le bien en nature dans la succession; et, une fois qu'il y sera revenu, le principe de l'art. 747 n'est-il pas complétement respecté? Nous appelons du nom d'actions en reprise toutes celles dont le résultat est de faire évanouir une aliénation soit réelle, soit apparente. Mais remarquons qu'alors c'est *ex causa antiqua,* et non *ex causa nova,* que le bien rentre dans le patrimoine du donataire : l'aliénation est effacée rétroactivement; elle est censée n'avoir jamais existé. Au nombre de ces actions en reprise doivent figurer les actions en réméré, en résolution pour défaut de payement du prix ou pour cause d'inexécution des charges, en rescision pour cause de lésion, en nullité pour vice de forme, incapacité, erreur, dol et violence, etc. Mais que dirons-nous de la véritable action en reprise, de celle à laquelle le législateur donne spécialement ce nom, c'est-à-dire des reprises matrimoniales? L'ascendant pourra-t-il les exercer? La réponse demande certaines distinctions. Il n'est pas possible, en règle générale, d'écarter l'ascendant en lui déniant l'action qui justement porte le nom inscrit dans l'art. 747. C'est d'abord impossible évidemment, et ici nous restons dans les principes, quand cette action doit faire revenir le bien lui-même en nature, par exemple lorsqu'il s'agit de la restitution de la dot (articles 1530, 1531 et 1564 du Code Nap.), ou de la reprise des apports stipulés en cas de renonciation à la communauté (art. 1514), ou encore de la reprise des propres. Mais si le bien était tombé dans la communauté, l'ascendant pourrait-il plus tard le reprendre, s'il se retrouvait dans la communauté qu'il s'agit de partager? pourrait-il même en reprendre l'équivalent, lorsque les objets ont été définitivement aliénés? Delvincourt, qui cependant est loin de se montrer rigoureux dans l'interprétation de l'art. 747, tranche formellement cette question par la négative sans distinction, mais aussi sans donner de motifs à sa solution. D'autres auteurs, exagérant le principe de l'effet rétroactif du partage ou de la renonciation, prétendent que, quand un bien commun rentre, par suite de l'une de ces causes, dans le patrimoine de l'époux qui l'avait apporté à la masse, ce bien n'a jamais été commun, n'a jamais été aliéné. Mais toutes ces opérations ne sauraient rétroagir à ce point : la rétroactivité ne s'opère que jusqu'au jour de la dissolution de la communauté. Quant à nous, nous préférons adopter l'avis de ceux qui, se montrant rigoureux dans l'application du principe général de l'art. 747, ne font pas cependant des exceptions de cet article une lettre morte. L'action en reprise, accordée seulement dans les limites indiquées par les deux premiers systèmes, n'est vraiment rien autre chose que le résultat nécessaire du principe posé dans la première partie de l'art. 747, qui n'admet le droit de retour que pour les biens en nature. Pour nous, l'exercice de l'action en reprise accordée à l'ascendant donateur n'est pas le résultat de l'adoption par le second alinéa de l'art. 747 de la règle contenue dans le premier. S'il en était ainsi, il y aurait rédondance dans les expressions de la loi. Ce sont là, au contraire, des exceptions à ce principe, mais des exceptions qu'il faut restreindre dans les limites tracées par la loi, sous peine de voir la règle effacée au profit de ces exceptions. Toutefois, si l'extension de ces exceptions est un abus, leur restriction en serait un autre. Dans notre espèce, nous accorderons donc, avec les partisans d'un troisième système, le droit de reprise dans tous les cas où les héritiers ordinaires des époux pourraient l'exercer, si ce droit de reprise doit faire rentrer dans le patrimoine de la succession un bien donné par l'ascendant. Nous l'accorderons, parce que cette solution est juste et autorisée par les textes. Nous ne distinguerons même pas à quelle époque la donation a été faite, avant le mariage, par contrat de mariage, ou pendant le mariage. Sans doute, on a fait remarquer que, dans ces deux dernières hypothèses, le bien devant de suite tomber en communauté, l'époux donataire n'a reçu véritablement qu'une créance, et que c'est cette créance que l'ascendant retrouve en nature dans la succession. Mais il y a pourtant un peu de subtilité dans cette remarque : le bien donné est toujours resté un instant de raison sur la tête du donataire ; c'est du chef de ce dernier qu'il est tombé dans la communauté, et l'époux n'a plus qu'une simple créance au lieu du bien en nature qu'il a aliéné au profit de la communauté, et cela de plein droit et en vertu de son contrat de mariage. Quoi qu'il en soit du mérite de cette observation, qui tendrait une fois de plus à faire de la troisième hypothèse, prévue par l'art. 747, une lettre morte, comme nous avons déjà combattu cette opinion, nous ne pouvons que persister dans la solution affirmative sans distinction.

Nous savons maintenant sur quels objets peut s'exercer le droit de retour. Mais dans quel état l'ascendant donateur doit-il reprendre ces objets ? Il est certain que, s'ils ont été détériorés, dégradés, il n'a droit à aucune indemnité : cela résulte des termes de l'art. 747. Le donataire n'était pas tenu de conserver l'objet pour le donateur ; en le dégradant, en le détériorant, il ne disposait que de ce qui lui appartenait : *rem quasi propriam neglexit,* donc *nulli querelæ subjectus est ;* personne n'a rien à lui reprocher. Que décider, au contraire, si la chose a été améliorée? L'ascendant a le droit de la reprendre avec ses améliorations, nul doute à cet égard, tant que l'on peut dire que la chose existe en nature dans la succession ; mais devra-t-il payer aux héritiers une indemnité pour ces améliorations? Nous le croyons, à moins pourtant que l'augmentation de valeur ne soit naturelle ou accidentelle ; car, dans ce cas, elle n'aurait rien coûté au donataire, et par conséquent il ne saurait y avoir lieu à aucune indemnité au profit de sa succession. Mais il ne peut en être de même lorsque l'augmentation de valeur provient des dépenses faites par le donataire. Comment admettre, en effet, que la loi, qui se montre si facile quand il s'agit de diminuer les droits de l'ascendant, aille tout à coup, et sans raison bien justifiée, lui rendre plus qu'il n'a donné? L'ascendant s'enrichirait aux dépens de la succession, s'il s'emparait sans indemnité de la plus value créée par les soins du donataire. Plusieurs auteurs, cependant, sont d'avis que l'ascendant ne doit pas d'indemnité. Quand, au lieu d'une amélioration, il y a une détérioration, l'ascendant doit la supporter, sans pouvoir réclamer d'indemnité : par réciprocité, disent-ils, on doit laisser le donateur profiter des améliorations. Nous répondrons à cet argument que cette règle de réciprocité ne saurait exister ici ; car, si l'ascendant ne peut rien réclamer en cas de détérioration de la chose donnée, c'est parce qu'il n'a jamais eu de droit sur les choses qui ne se retrouvent pas dans la succession du donataire. Il peut avoir moins qu'il n'a donné, puisqu'il peut ne rien avoir ; mais il ne saurait avoir plus. On soutient encore qu'il n'y a pas, dans le cas qui nous occupe, enrichissement aux dépens d'autrui. Comment! voilà un ascendant qui ne vient peut-être à la succession qu'en qualité d'ascendant donateur, et qui, par conséquent, n'est appelé qu'à reprendre les biens donnés! Ces biens donnés ont été améliorés aux dépens de la succession ordinaire; ne dépouille-t-il donc pas la succession ordinaire, en prétendant garder les biens améliorés sans tenir compte de la plus value? L'art. 747, dit-on, ne met aucune condition à la reprise en nature des biens donnés : cela se peut; mais les motifs de l'article parlent assez haut pour l'emporter sur le silence de son texte. Ce qui prouve, d'ailleurs, le peu de confiance des partisans de cette doctrine dans leur système, c'est qu'ils refusent, par exemple, de l'appliquer au cas d'agrandissement de l'enceinte d'un enclos. Ils repoussent ici l'argument d'analogie qu'ils devraient tirer de l'art. 1019, et décident que cet agrandissement ne pourrait être réclamé par l'ascendant.

CHAPITRE VI.

DES OBLIGATIONS CORRÉLATIVES AU DROIT DE SUCCESSION ATTRIBUÉ A L'ASCENDANT DONATEUR.

Au début de ce travail, nous nous sommes attaché à définir avec soin le caractère de la succession de l'ascendant donateur. Nous avons dit que ce n'est pas par voie de réversion proprement dite, que ce n'est ni par caducité, ni par révocation de la donation, que l'ascendant est admis à reprendre les choses par lui données à son descendant mort sans postérité, mais que, d'après la place qu'occupe l'article 747 et les expressions qui y sont employées, le droit attribué à l'ascendant donateur s'exerce à titre de succession. De cette qualité d'héritier conférée à l'ascendant donateur nous avons immédiatement déduit les conséquences favorables qui en résultent pour lui. Nous allons maintenant indiquer les obligations dont il est tenu à ce titre.

En premier lieu, l'ascendant est obligé de contribuer au payement des dettes du donataire. Cette obligation est la conséquence de cette idée que le donateur doit respecter les actes du donataire, et celui-ci est censé avoir voulu répartir le fardeau de ses dettes d'une manière égale sur tous les biens de son patrimoine. On objecte, pour repousser cette participation aux dettes, que l'ascendant ne succède qu'à des objets individuels, et, qu'en principe, les successeurs à titre particulier ne sont pas soumis au payement des dettes. Mais on peut répondre que l'ascendant n'est pas un légataire, c'est un héritier; or, l'article 724 dit expressément que tout héritier est tenu des dettes, sans distinguer entre l'héritier à titre universel et l'héritier *in re singulari*. De plus, on peut dire qu'il n'y a pas de motif pour en dispenser l'ascendant, en présence de l'article 351 du Code Napoléon, qui n'accorde le droit de retour à l'adoptant qu'à la charge de contribuer aux dettes; l'adoptant donateur ne mérite cependant pas moins de faveur que l'ascendant. Enfin, dans les pays coutumiers, où le retour n'avait lieu, comme chez nous, qu'à titre de succession, l'ascendant était tenu des dettes.

L'ascendant donateur devra donc contribuer au payement des dettes. Mais il y a ici une difficulté d'exécution, parce que l'ascendant ne succède pas à une quote-part, mais à certains biens. Nous pensons qu'il faut appliquer ici la règle posée par l'article 870 du Code Napoléon, et décider, par conséquent, que la contribution aux dettes à la charge de l'ascendant donateur devra être proportionnelle à la valeur totale de l'ensemble de la succession.

Nous avons déjà dit que, comme tout autre héritier, l'ascendant donateur peut n'accepter que sous bénéfice d'inventaire la succession qui lui est dévolue ; alors il n'est tenu de contribuer au payement des dettes que jusqu'à concurrence de la valeur des biens qu'il reprend. S'il acceptait purement et simplement, il devrait contribuer au payement des dettes et charges de la succession même au delà de la valeur des biens qui lui reviennent.

On prétend quelquefois que l'ascendant donateur n'est tenu qu'*intra vires*, pourvu qu'il ait fait inventaire, alors même qu'il n'aurait pas fait de déclaration au greffe. Cette idée nous paraît inexacte. L'ascendant donateur n'est pas un successeur aux biens ; il est un héritier légitime, représentant la personne du *de cujus* en raison de la part qu'il prend dans la succession. Ce caractère est pour nous constant ; Lebrun et tous les anciens auteurs le reconnaissent ; il est presque universellement admis de nos jours, car on attribue généralement la saisine à l'ascendant donateur. Comment donc un inventaire, non accompagné de la déclaration au greffe, pourrait-il affranchir l'ascendant du payement des dettes *ultra vires*, quand il n'aurait pas cet effet à l'égard d'aucun autre héritier légitime?

Voilà ce qui concerne la contribution aux dettes; mais ce n'est pas seulement dans ses rapports avec ses cohéritiers que l'ascendant est tenu; il l'est aussi vis-à-vis des créanciers de la succession. Ceux-ci pourront le poursuivre; car leurs titres exécutoires contre le défunt le sont aussi contre lui, conformément à l'article 877 du Code Napoléon. Des auteurs prétendent que l'ascendant, héritier anomal, ne peut être poursuivi à ce titre par les créanciers; ceux-ci n'auraient d'action que contre les héritiers ordinaires, sauf le recours de ces derniers contre l'ascendant. Nous ne pouvons admettre cette doctrine. L'ascendant, pour le bien donné, est héritier; les autres successibles ne le sont pas; on ne peut donc pas poursuivre ceux-ci pour la portion de dettes tombant à la charge du premier. Mais dans quelle proportion l'ascendant peut-il être poursuivi? La règle est, d'après l'article 1220 du Code Napoléon, que les créanciers ne peuvent poursuivre chaque héritier qu'en raison de sa part héréditaire. Or, dans notre espèce, il n'est pas encore déterminé dans quelle proportion l'ascendant donateur succède; il faudra, pour fixer cette proportion, des expertises nombreuses; il faudra évaluer les biens qui composent la succession anomale et ceux qui restent dans la succession ordinaire, et voir dans quel rapport ces deux espèces de biens se trouvent. Cette liquidation sera nécessairement longue. Faudra-t-il que les créanciers diffèrent l'exercice de leur action jusqu'au jour où elle sera terminée? Non: l'article 873 recevra dans ce cas son application. Les créanciers agiront contre l'as-

cendant proportionnellement à sa part virile, sauf à ce
dernier, s'il a payé au delà de sa part contributoire, à
recourir contre ses cohéritiers. C'est également proportionnellement à leur part virile qu'ils poursuivront ses
cohéritiers. Comment, en effet, pourraient-ils les poursuivre, comme on l'a dit, selon leur part héréditaire ?
Cette part est indéterminée, et elle le sera tant que celle
de l'ascendant le sera elle-même. Il faudrait donc at-
tendre la liquidation de la succession. C'est précisément
là ce qu'on a voulu éviter ; et, si on permettait de poursuivre les héritiers ordinaires pour le tout, abstraction
faite de la part de l'ascendant, sauf recours contre lui,
on tomberait dans l'arbitraire ; car, comme nous l'avons
déjà dit, pour les biens donnés, l'ascendant est héritier
et les autres successibles ne le sont pas ; et, par conséquent, il n'est pas possible de poursuivre ces derniers
pour une portion de dettes qui tombe à la charge de l'ascendant.

Tout ce que nous venons de dire ne concerne que
l'action personnelle et ne fait aucun préjudice au droit
d'hypothèque qui peut grever les biens donnés. Toutefois
le donateur qui a payé, par l'effet de l'hypothèque, au
delà ce qu'il doit supporter personnellement pour sa part,
a recours contre ses cohéritiers. Il n'aurait aucun recours, si le bien qu'il a repris dans la succession du
donataire était grevé d'autres charges, usufruit, usage
ou servitudes. Cela tient à ce que ces charges constituent
de véritables aliénations partielles, que l'ascendant doit
respecter, puisque le donataire aurait pu, sans que le
donateur eût eu rien à réclamer, aliéner pour le tout les
biens donnés. La constitution d'hypothèque est bien

aussi, de la part du donataire, un acte d'aliénation, mais consentie conditionnellement comme sûreté du payement d'une dette que doivent supporter tous les cohéritiers, en raison de leur part héréditaire. Si le bien donné ne pouvait être repris par l'ascendant qu'en payant certains droits, par exemple, en cas de vente avec pacte de rachat, ou en cas de rescision de la vente pour vilité de prix, le payement de ces droits ne pèserait pas sur la succession, mais resterait à la charge de l'ascendant. Enfin, comme toute succession, le retour donne lieu, au profit du fisc, au droit proportionnel de mutation par décès; ainsi le déclare une circulaire de l'administration de l'enregistrement et des domaines, en date du 23 brumaire an VII.

L'ascendant donateur étant tenu de contribuer au payement des dettes et charges de la succession, il en résulte nécessairement qu'il est également obligé de contribuer au payement des legs, non-seulement de ceux qui portent sur les biens donnés, lesquels doivent être supportés par lui seul, mais encore de ceux de quotités et de sommes qui pèsent sur l'universalité de la succession et qu'il payera au prorata de sa part héréditaire.

CHAPITRE VII.

INFLUENCE QUE LE DROIT DE SUCCESSION DE L'ASCENDANT DONATEUR EXERCE SUR LES DISPOSITIONS DE LA LOI RELATIVES A LA RÉSERVE DES AUTRES ASCENDANTS.

Nous allons examiner maintenant comment les dispositions de la loi sur la réserve doivent se combiner avec le droit de succession accordé à l'ascendant donateur.

L'art. 915 du Code Napoléon établit un droit de réserve en faveur des ascendants. La réserve est une portion de la succession que la loi assure à certains héritiers contre les libéralités du défunt. Quand un ascendant a droit à une réserve conformément à l'art. 915, quelle influence peut exercer, sur le calcul de cette réserve et son imputation, la circonstance qu'un autre ascendant ou lui-même vient se prévaloir du droit consacré par l'art. 747 ?

Avant de répondre à cette question, nous croyons nécessaire de poser les principes qui nous serviront à la décider. Toutes les difficultés qui peuvent se présenter seront facilement résolues, si l'on admet les deux règles suivantes :

1° Il y a indépendance absolue, au point de vue de la réserve, entre la succession ordinaire et la succession anomale : aussi, toutes les fois qu'il y a lieu à cette dernière succession et que le donateur l'invoque, la réserve ne peut être exercée sur les biens qui y sont soumis;

2° Toutes les fois que l'ascendant ne peut invoquer ou n'invoque pas le droit de succession anomale, il n'y a aucune distinction à faire entre les biens donnés et ceux dont le donataire était propriétaire à un autre titre : il faut, dans ce cas, calculer la réserve sur tout le patrimoine, et l'exercer sur tous les biens sans distinction.

Justifions ces deux règles; nous verrons ensuite leur application aux divers cas qui peuvent se présenter.

La première se prouve par les motifs suivants. Pour la dévolution de la succession aux héritiers, la loi ne considère pas l'origine des biens. On suit la même règle pour le calcul et l'imputation de la réserve. L'art. 747 fait exception à cette règle en ce qui concerne la dévolution des biens, et il consacre, à ce point de vue, l'indépendance complète de la succession anomale et de la succession ordinaire. Mais la loi ne dit rien, du moins expressément, de l'application de cette exception au calcul de la réserve, quand il y a lieu d'y procéder, dans les diverses combinaisons de la succession de l'art. 747 avec la succession ordinaire. Doit-on cependant admettre, comme nous le faisons dans notre première règle, pour le calcul et l'imputation de la réserve, l'idée d'indépendance complète des deux successions ordinaire et anomale? On peut objecter que le législateur, en rédigeant l'art. 747, ne s'est point préoccupé de l'extension aux questions de réserve de la règle qu'il pose. On peut ajouter que le principe de l'unité de patrimoine domine la matière de la réserve, et qu'on ne peut y faire exception en recherchant l'origine des biens pour fixer la quotité disponible et soustraire certains biens à la réduction qui en est la conséquence. Nous répondrons à ces objections qu'en admettant que le législateur ne se soit pas préoccupé de l'application du principe de l'indépendance de la succession anomale au cas particulier de la réserve, ce n'est pas un motif pour repousser dans l'espèce la séparation des deux successions. Il faudrait pour cela une exception formelle au principe posé par l'art. 747, qui, en établissant le retour légal, fait une disposition contraire à la règle posée dans l'article 732. On recherche alors l'origine des biens pour en régler la dévolution; on ne peut, selon nous, refuser d'appliquer le même principe à la réserve, qui n'est qu'une portion de la succession.

Nous verrons, d'ailleurs, qu'en appliquant aux biens de la succession anomale les règles de la réserve, on arrive à sacrifier complétement le droit de l'ascendant donateur, et à faire succéder l'héritier ordinaire aux biens qui devraient être soumis au retour légal.

Quant à la seconde règle que nous avons posée : que, lorsqu'il n'y a pas de succession anomale, on ne doit faire aucune distinction entre les biens donnés et les autres biens, elle ne saurait être contestée.

Nous allons maintenant faire l'application de ces principes aux divers cas dans lesquels il peut y avoir lieu de concilier les dispositions de l'art. 915 avec celles de l'art. 747. On peut les comprendre tous dans l'une ou l'autre de ces deux hypothèses : 1° l'ascendant donateur est exclu de la succession ordinaire; 2° l'ascendant donateur est appelé à la succession ordinaire.

Premier cas. L'ascendant donateur est exclu de la succession ordinaire. — Il y a d'abord un point sur lequel on est généralement d'accord : c'est que l'ascendant donateur n'a jamais droit, à ce titre, à une réserve, puisqu'il n'est appelé à succéder qu'aux biens qui se retrouvent en nature. Les biens donnés, incontestablement, et les biens légués, ainsi que nous l'avons prouvé précédemment, ne se retrouvant pas en nature dans la succession, il en résulte nécessairement que l'ascendant n'a pas de réserve; car, pour avoir une réserve, il faut être héritier, et l'ascendant n'est pas héritier de ce qu'on ne retrouve pas en nature. Les biens qui font l'objet de la succession anomale ne sont donc jamais soumis à une réserve au profit de l'ascendant donateur.

Ces mêmes biens ne peuvent pas davantage être soumis à la réserve en faveur des héritiers de la succession ordinaire. C'est ce que nous allons essayer de démontrer. Supposons que le *de cujus* ait laissé un aïeul paternel donateur et son père réservataire qui exclut l'aïeul de la succession ordinaire. Comment calculer la réserve du père?

Nous allons examiner successivement les différentes hypothèses qui peuvent se présenter. Nous supposerons, en premier lieu, que le donataire ait disposé de tous les biens donnés, et, en second lieu, qu'il n'ait point disposé de ces biens, ou du moins qu'il n'en ait disposé qu'en partie.

Supposons d'abord que le défunt ait disposé, en faveur d'un légataire, de tous les biens donnés, mais qu'il n'ait pas dépassé la quotité disponible calculée sur l'ensemble du patrimoine. Dans cette hypothèse, les dispositions du *de cujus* devront être respectées, car personne n'a de motifs pour les attaquer; le père a sa réserve, et l'aïeul n'a aucune réclamation à élever, puisqu'une disposition du donataire, même par testament, suffit pour mettre obstacle au droit de retour légal.

Supposons maintenant que le défunt ait encore disposé de la totalité des biens donnés, mais que cette disposition excède la quotité disponible calculée d'après l'ensemble du patrimoine. Qui aura le droit de se plaindre? L'ascendant donateur doit d'abord être écarté : il ne saurait être question de lui, puisque la disposition faite par le donataire lui a enlevé le droit de retour. Le père seul aura droit à une réserve, et il pourra la calculer sur l'ensemble du patrimoine. On fait à cette décision plusieurs objections. Le légataire, dit-on, peut prétendre qu'à cause de l'indépendance des deux successions, le calcul de la réserve ne peut comprendre les biens donnés : le père réservataire n'était pas appelé à succéder à ces biens; la disposition que le défunt en a faite ne lui cause donc aucun tort, et, par suite, il ne peut la critiquer. Cette prétention du légataire n'est pas fondée. En effet la loi a introduit la succession anomale dans une hypothèse qui n'existe pas ici; les biens donnés ayant été légués, il ne peut y avoir succession anomale, et, par conséquent, le légataire ne peut argumenter de cette succession. Il est vrai que l'exercice du droit de réserve a pour effet de faire obtenir au père plus qu'il n'aurait eu si les biens donnés n'avaient pas été légués : mais il n'est pas contradictoire de dire que dans la succession anomale le donateur est préféré au réservataire, et qu'au contraire, quand il n'y a pas de succession anomale, le réservataire est préféré au légataire. La disposition de l'art. 747 n'a pas été faite en faveur du légataire, qui dès lors ne peut faire tourner à son profit un droit qui n'a pas été établi pour lui. On nous oppose un second argument : admettons, nous dit-on, votre doctrine; vous allez faire rentrer dans le patrimoine du défunt, par la réduction qu'exerce l'héritier réservataire, les biens légués qui, sans la disposition faite par le donataire, seraient retournés au donateur; mais, lorsqu'ils seront ainsi rentrés dans ce patrimoine, le donateur invoquera contre le réservataire le droit de retour, puisqu'il succède à l'exclusion de tous autres aux biens donnés : d'un autre côté, le légataire est toujours préféré, comme nous l'avons établi précédemment, à l'héritier de la succession anomale; il aura donc le droit de reprendre les biens qui lui ont été légués; ne vaut-il pas mieux les lui laisser de suite? Cette objection ne doit pas plus nous arrêter que la première : en effet, les biens donnés, rentrés dans la succession pour former avec les autres biens la réserve du père, ne passeront pas à l'ascendant donateur, et le légataire ne pourra pas les lui reprendre, car la réduction obtenue par le réservataire ne peut profiter qu'à lui seul; elle ne peut faire revivre le droit de retour, éteint définitivement par la disposition que le *de cujus* a faite des biens donnés.

Supposons maintenant qu'au lieu de disposer des biens donnés, le donataire ait laissé ces biens dans sa succession, et que ses dispositions testamentaires n'aient porté que sur les autres biens. Il y aura ici concours des deux successions ordinaire et anomale. Examinons d'abord quelles conditions sont nécessaires pour qu'il y ait lieu à l'application des règles de la réserve; ensuite, sur quels biens portera la réduction? sera-ce sur les biens donnés retrouvés en nature, ou sur les autres biens dont le défunt a disposé?

Sur le premier point, pour qu'il y ait lieu à appliquer les règles de la réserve, il faudra que la disposition des biens, que nous appelons ordinaires par opposition aux biens donnés, excède la quotité disponible calculée sur les biens ordinaires. Si cette doctrine n'était pas admise, si l'on accordait, dans notre hypothèse, la réduction toutes les fois que la réserve calculée sur l'ensemble du patrimoine est attaquée, la réserve pourrait être plus grande que la succession elle-même; ce qui est impossible, puisque la réserve n'est qu'une portion de la succession à laquelle l'héritier réservataire est appelé *ab intestat*. Donnons un exemple : un petit-fils, donataire d'une valeur de 100,000 francs, laisse dans sa succession, outre les biens donnés, d'autres biens valant 20,000 fr.; il n'a fait aucune disposition testamentaire. Que prendront ses père et mère, héritiers réservataires, en présence de l'ascendant donateur venant à la succession anomale? Ils auront chacun la moitié des 20,000 francs ou 10,000 francs : ils ne pourront rien réclamer sur les biens donnés, puisque, d'après l'art. 747, l'ascendant donateur y succède à l'exclusion de tous autres. Supposons maintenant que le donataire, au lieu de mourir *intestat*, ait légué tous ses biens qui ne proviennent pas de la donation de son aïeul; le père et la mère ne pourront pas avoir droit à une réserve calculée sur l'ensemble du patrimoine ; car leur droit de réserve s'élèverait à la moitié de 120,000 francs, et dépasserait ainsi la totalité de la succession ordinaire que le testament devait leur enlever en partie.

La seconde question que nous avons posée, savoir, sur quels biens doit être imputée la réserve, se trouve implicitement résolue par la solution que nous avons donnée à la première. Comme nous venons de le voir, il n'y aura lieu d'exercer la réserve, quand les libéralités consisteront en biens ordinaires, que quand la quotité disponible calculée sur les biens ordinaires sera dépassée. Il est clair que la réduction devra porter sur les libéralités faites avec les biens ordinaires, puisque ce sont ces libéralités qui ont porté atteinte à la réserve. L'héritier réservataire ne pourra donc prendre sa réserve que sur les biens de la succession ordinaire, et non sur ceux qui forment la succession anomale. Ici encore il y a indépendance complète des deux successions.

La solution que nous venons de donner à cette question n'est pas adoptée par quelques auteurs qui, cependant, partagent notre opinion sur la séparation des deux successions dont il s'agit. Ils invoquent les termes généraux de l'art. 922, qui veut que l'on forme une masse des biens de la succession sans en distinguer l'origine. Ils ajoutent que, si l'ascendant donateur était en même temps héritier ordinaire, tout ce qu'il prendrait, en vertu de son premier titre, devrait s'imputer sur sa réserve. Or, si sa réserve se calcule sur tous les biens de la succession, il en doit être de même de celle des autres héritiers. Enfin, ils invoquent une prétendue présomption consistant dans cette idée que le donataire, étant libre de disposer des biens donnés, a sans doute voulu les substituer aux autres biens que lui-même a aliénés à titre gratuit pour laisser intacte la réserve de ses héritiers ordinaires. Mais, outre les arguments qui prouvent la séparation complète que la loi a voulu établir entre les deux successions ordinaire et anomale, et qui, ce nous semble, suffisent seuls pour faire décider que la réserve des héritiers ordinaires ne doit point se calculer sur les biens donnés, on peut répondre aux diverses objections qui viennent d'être exposées. A celle tirée des termes de l'art. 922 on opposera, qu'en édictant cet article, le législateur n'a pas songé à la succession de l'ascendant donateur, qui n'a lieu que dans des cas assez rares; cet article ne se réfère qu'à la succession ordinaire, et ne concerne pas la succession anomale, dont les principes sont entièrement différents. De plus, si l'ascendant est héritier ordinaire, et a droit en même temps au retour légal pour les biens donnés, il se trouve héritier dans deux successions, et ce qu'il reçoit dans l'une ne saurait être imputé sur la réserve à laquelle il a droit dans l'autre. Enfin, la présomption invoquée est purement gratuite ; et, quand elle serait vraie en fait, elle ne serait pas réalisable légalement, la loi dans l'art. 747 n'ayant pas interprété dans ce sens la volonté du donataire : elle lui permet bien, en effet, de priver l'ascendant donateur de son retour en aliénant les biens qu'il en a reçus, mais non en déclarant que cet ascendant ne les reprendra pas. Ce serait déroger à l'ordre de succession établi par le Code Napoléon, sans y substituer un autre ordre de dévolution; la loi ne le permet pas.

Nous avons vu l'application de la réserve dans les différentes hypothèses où l'ascendant donateur est exclu de la succession ordinaire. Passons maintenant au cas où l'ascendant donateur est appelé en même temps à cette succession.

Second cas.—L'ascendant donateur est appelé à la succession ordinaire. — L'ascendant est libre d'accepter ou de répudier le bénéfice de l'art. 747. Lorsqu'il l'accepte, et qu'il se trouve en même temps héritier de la succession ordinaire, il a droit comme tel à une réserve. On doit suivre, pour le calcul et l'imputation de cette réserve, les mêmes règles que nous avons exposées pour le cas où l'ascendant donateur n'est pas en même temps héritier dans les deux successions. Nous dirons donc encore ici que, pour les règles de la réserve, il y a indépendance des deux successions, et qu'on ne peut calculer cette réserve sur les biens de la succession anomale.

L'ascendant donateur, venant en même temps à la succession anomale et à la succession ordinaire, ne peut pas calculer sa réserve sur la totalité du patrimoine, tandis qu'un autre ascendant non donateur, en concours avec lui, calculerait la sienne sur les biens ordinaires seulement. L'ascendant qui vient à la fois comme héritier en vertu de l'art. 747, et comme héritier ordinaire, n'a jamais lieu de se plaindre; il n'est jamais moins bien traité que s'il n'avait rien donné, il ne se fait jamais préjudice à lui-même. S'il n'a pas un droit de réserve aussi étendu que s'il n'était venu que comme héritier ordinaire, c'est qu'il a trouvé avantage à venir succéder, à l'exclusion de tous autres, aux biens donnés. En renonçant au bénéfice que lui attribue l'art. 747, comme il n'y aurait plus de succession anomale, sa réserve serait calculée sur l'ensemble du patrimoine. Les autres ascendants, avec lesquels il est en concours, partageraient, il est vrai, cette réserve avec lui; mais cela ne nous arrête pas, car nous décidons qu'il ne peut jamais y avoir lieu, par application de l'art. 747, de donner une réserve à l'ascendant donateur. C'est cependant ce qui arriverait si l'on n'admettait pas notre doctrine, puisque l'ascendant donateur aurait, à ce titre, une réserve plus forte que les autres ascendants en concours avec lui.

POSITIONS.

DROIT ROMAIN.

La pétition d'hérédité n'est pas, dans le droit des Pandectes, une action de bonne foi.

La loi 23, Dig., *De judiciis,* n'est pas en contradiction avec les lois 4, 18 § 1, Dig., *De hereditatis petitione,* 27, § 1, Dig., *De rei vindicatione,* et 7, § 4, Dig., *Ad exhibendum.*

On ne peut concilier les lois 11 pr., 11 § 1 et 12, Dig., *de hereditatis petitione* et le § 144 du Commentaire IV des Institutes de Gaïus, reproduit dans les Institutes de Justinien, livre IV, titre 15, § 3.

La décision donnée par Paul dans la loi 19, § 3, Dig., *De hereditatis petitione,* et par laquelle ce jurisconsulte refuse la pétition d'hérédité pour réclamer l'exercice d'une servitude prédiale dont jouissait le défunt, ne paraît pas rationnelle.

Il n'y a pas antinomie entre les lois 24 et 40, § 2, Dig., *De petitione hereditatis.*

L'héritier véritable peut intenter la revendication

contre l'acquéreur d'un objet de la succession, lors
même que l'héritier apparent vendeur serait un possesseur de bonne foi.

DROIT FRANÇAIS.

DROIT CIVIL.

Le droit établi par l'article 747 du Code Napoléon, en
faveur de l'ascendant donateur, est un droit de succession.

Les père et mère d'un enfant naturel reconnu ne
peuvent exercer le droit de retour légal dans la succession de cet enfant décédé sans postérité.

La présence d'un enfant adoptif du donataire empêche l'ouverture du droit de l'ascendant donateur.

L'existence d'un enfant naturel reconnu par le donataire met obstacle pour moitié à l'exercice du droit de
retour légal.

L'ascendant donateur ne peut exercer le droit de retour
légal dans la succession des enfants du donataire décédés
sans postérité.

L'ascendant ne peut reprendre les choses par lui
données, bien qu'elles existent en nature dans la succession du donataire, lorsqu'elles ne s'y retrouvent pas
par le fait de la donation.

Le legs des biens donnés empêche l'ouverture du retour légal.

L'ascendant donateur ne reprend les choses données que moyennant une indemnité pour la plus value résultant des dépenses du donataire.

L'ascendant donateur, appelé en même temps à la succession ordinaire et à la succession anomale, peut accepter l'une de ces deux successions et répudier l'autre.

Il y a indépendance absolue, au point de vue de la réserve, entre la succession ordinaire et la succession de l'ascendant donateur.

DROIT CRIMINEL.

Les circonstances qui influent sur la criminalité du fait à punir étendent leurs effets aux complices, bien qu'elles résultent de qualités personnelles à l'auteur principal du délit.

L'excuse absolutoire établie par le premier alinéa de l'article 380 du Code pénal profite aux complices, mais non aux coauteurs.

DROIT DES GENS.

Les tribunaux français appelés à rendre exécutoires les jugements étrangers ne peuvent réviser le fond du procès.

L'étranger divorcé suivant les lois de son pays peut se remarier en France du vivant de son ancien conjoint.

DROIT ADMINISTRATIF.

Les rivières non navigables ni flottables appartiennent aux riverains.

Les travaux communaux entrepris dans un but d'utilité publique, même communale, sont réputés travaux publics.

Les Conseils de préfecture sont compétents pour statuer sur les indemnités qu'il y a lieu d'accorder en raison des dommages permanents causés par des travaux publics.

Les décrets par lesquels le Gouvernement prohibe en temps de guerre l'exportation, la réexportation et le transit de certaines marchandises, n'ont pas besoin d'être soumis à la sanction du pouvoir législatif.

Vu :
Le Président de la Thèse,
YUATRIN.

Permis d'imprimer
Le Vice-Recteur de l'Académie,
ARTAUD.

Vu :
Le Doyen de la Faculté,
C.-A. PELLAT.